Matthias Johler

Gewusst wie: Soft Skills im Unterricht stärken

Mit einfachen Übungen Selbstkompetenz, Teamfähigkeit & Kommunikation nachhaltig verbessern

AV Auer

Wir haben uns für die Schreibweise mit dem Sternchen entschieden, damit sich Frauen, Männer und alle Menschen, die sich anders bezeichnen, gleichermaßen angesprochen fühlen. Aus Gründen der besseren Lesbarkeit für die Schüler*innen verwenden wir in den Kopiervorlagen das generische Maskulinum.
Bitte beachten Sie jedoch, dass wir in Fremdtexten anderer Rechtegeber*innen die Schreibweise der Originaltexte belassen mussten.
In diesem Werk sind nach dem MarkenG geschützte Marken und sonstige Kennzeichen für eine bessere Lesbarkeit nicht besonders kenntlich gemacht. Es kann also aus dem Fehlen eines entsprechenden Hinweises nicht geschlossen werden, dass es sich um einen freien Warennamen handelt.

1. Auflage 2020

Autor*innen: Matthias Johler
Covergestaltung: annette forsch konzeption und design, Berlin
Umschlagfoto: Shutterstock 1608640984, Urheber: ViDI Studio
Illustrationen: Corina Beurenmeister, Steffen Jähde, Stefan Lohr
Satz: Satzpunkt Ursula Ewert GmbH, Bayreuth
Druck und Bindung: Korrekt Nyomdaipari Kft
ISBN 978-3-403-**08411**-2
www.auer-verlag.de

Inhaltsverzeichnis

Vorwort

Soft Skills im Unterricht stärken: Darunter verstehe ich, „Lernstoff" zu vermitteln, der oftmals nicht direkt im Lehrplan oder in den Schulbüchern steht – und trotzdem lohnenswert ist und die Schüler*innen in vielerlei Hinsicht weiterbringt.
Viele der Einheiten in diesem Heft sind durch den Wunsch entstanden, meinen Schüler*innen einen ganz bestimmten Gedankengang, eine Erkenntnis oder eine Erfahrung näherzubringen. Und zwar, weil die Klasse es nach meinem Gefühl in dem Moment dringend brauchte, es sie im laufenden Unterricht weiterbringen würde oder ich es für ihr persönliches Fortkommen als nützlich empfand.
Und so empfehle ich Ihnen auch, mit diesem Heft zu arbeiten. Verschaffen Sie sich einen Überblick, um dann bei Gelegenheit die eine oder andere Lerneinheit auszuprobieren. Dabei können Sie eine Einheit wählen, die Sie für Ihre Klasse interessant erachten, oder eine aus gegebenem Anlass durchführen. Hilft niemand beim Aufräumen, wäre die Einheit „Verantwortungsdiffusion" geeignet (Verantwortungsbewusstsein, Eigeninitiative). Herrscht in der Klasse ein rauer Umgangston oder gar Mobbing, wären evtl. „Guter Stil" oder „Die Macht der Worte" sinnvoll (harmonisches Miteinander, Kommunikation). Stellen Sie fest, dass ihre Schüler*innen häufig über Minderheiten herziehen, wäre „Wir und die anderen" recht hilfreich (Toleranz, Klassenklima).
Selbstverständlich eignen sich die Lerneinheiten auch hervorragend zwischen zwei Lehrplanthemen oder ohne direkten Anlass, z. B. für eine Vertretungsstunde.
Bei vielen Lerneinheiten geht es primär erst einmal darum, den Schüler*innen aufzuzeigen, dass es *bestimme Phänomene überhaupt gibt*, denn höchstwahrscheinlich werden sie von den entsprechenden Erkenntnissen noch nicht viel gehört und selten schon ausführlich darüber nachgedacht haben. Ob sich nach dem Durchführen einer Einheit gleich eine gewünschte Verhaltensveränderung einstellt, wäre vielleicht zu viel verlangt, aber ein erstes Nachdenken über ein bestimmtes Phänomen wird bestimmt erreicht.

Die meisten Lerneinheiten bestehen aus drei Teilen: einer *Anleitung* für die Lehrkraft mit Hintergrundinformationen und Erläuterungen zu Vorbereitung und Durchführung, einem *Arbeitsblatt* für die Schüler*innen und einem *Infotext*. In den Infotexten finden sich Hinweise und Fragestellungen, die jeweils einen tieferen Zugang zu den einzelnen Soft Skills ermöglichen. Sie sind so gestaltet, dass die Lehrkraft anhand der Anregungen, Ausführungen und Fragen in diesen Texten die Vertiefung einerseits, z. B. mit einem geleiteten Unterrichtsgespräch, relativ frei gestalten und die Texte dazu als Hilfestellung nutzen kann. Andererseits sind die Infotexte so aufbereitet, dass sie direkt für die Schüler*innen kopiert und z. B. für eine weiterführende Textarbeit verwendet werden können. Auf diese Weise bieten die Lerneinheiten die größtmögliche Flexibilität bei Vorbereitung und Durchführung, aber auch wertvolle Hilfestellung beim Durchführen und Vertiefen der Lerninhalte.

Die hier beschriebenen Unterrichtsverläufe sind demnach nicht als fertig ausgearbeitete Unterrichtsbausteine zu verstehen, sondern eher als eine Art grobe Skizze. So kann jede Einheit flexibel den persönlichen Vorlieben der Lehrkraft, den Gegebenheiten der Klasse und den äußeren Umständen angepasst und das Thema ggf. vertieft werden.
Für Ihre persönliche Vorbereitung empfehle ich Ihnen, zunächst die Arbeitsblätter für die Klasse zu lesen. Danach geben Ihnen die Seiten für die Lehrkraft (Anleitung und Infotext) weitere Informationen und Tipps zur Durchführung.

An dieser Stelle möchte ich darauf verweisen, dass ich die besten Erfahrungen gemacht habe, wenn ich Paarungen oder Gruppen nach dem Zufallsprinzip gebildet habe. Dabei sind Magnetkärtchen mit den Vornamen der Schüler*innen immer wieder nützlich. Diese können an der (evtl. zuvor weggeklappten) Tafel schnell verschoben und zu zufälligen, aber verbindlichen Gruppen zusammengestellt werden. Auch die Wahl derjenigen, die ihre Ergebnisse präsentieren dürfen, sollte zufällig erfolgen. Sehr geeignet ist dazu ein Würfel mit 30 Ziffern. Die gewürfelte Zahl entspricht dann der Nummer der Person auf der Klassenliste.

Wie eigentlich bei jedem Lernstoff ist eine Wiederholung oder ein Wiederaufgreifen der Inhalte nach angemessener Zeit wünschenswert. Schön wäre, wenn die verschiedenen Erkenntnisse im Klassenzimmer aufgehängt werden könnten, z. B. auf einer speziellen Skills-Tafel oder einem Plakat. So könnten die besprochenen Inhalte schnell wieder aufgegriffen und die gemachten Erfahrungen besprochen werden.

Es ist sicher sehr lohnenswert, mit einer Schulkasse Soft Skills, wie sie in diesem Heft erläutert sind, „einzuüben". Letztlich helfen gute Soft Skills sehr effektiv, die „üblichen" Schulaufgaben zu meistern, d. h. dass diese auch den „normalen" Unterricht bereichern und erleichtern.
In diesem Sinne wünsche ich Ihnen viel Erfolg beim Erarbeiten derselben in Ihrer Klasse!

Matthias Johler

Folgende Abkürzungen werden in diesem Heft verwendet:
EA = Einzelarbeit, PA = Partner*innenarbeit, GA = Gruppenarbeit, UG = Unterrichtsgespräch, SA = Stationenarbeit.

Name it to tame it

Ziele:
Die Schüler*innen lernen, bestimmten Sachverhalten oder Lernstoffen einprägsame Begriffe oder Abkürzungen zu geben, die als Erinnerungshilfe dienen.

Zeit: ca. 20 Minuten

Vorbereitung:
- Arbeitsblatt (**M1**) in Klassenstärke kopieren
- Infotext (**M2**) als Anregung für die Lehrkraft oder zum Kopieren für die Klasse
- Ggf. leeres Plakat vorbereiten
- Ggf. Technik vorbereiten, um Video zu zeigen

Worum geht's?
Neue Erkenntnisse und Lerninhalte sind leichter in den Griff zu bekommen, wenn man einen passenden Begriff, einen Namen oder eine Abkürzung dafür sucht.
Das kann eine Erinnerungshilfe für Lernstoff sein, z. B.: Die „**Alles-G**ute-zum-Geburtstag-Regel" steht für die Rechtschreibregel, dass man nach Mengenangaben (alles: viel, wenig, etwas ...) Adjektive nominalisiert.

Skizzierter Ablauf:
- Die Klasse bespricht in PA die Aufgaben 1–9 (**M1**) und macht sich ggf. Stichpunkte.
- Dann stellen die Schüler*innen ihre Ergebnisse vor. Die gefundenen Wörter verwenden sie dabei in ganzen Sätzen.
- Die Lehrkraft kann die Lösungen*, z. B. an der Tafel, vorstellen. Alternativ kann sie die Wörter in anderer Reihenfolge vorstellen und die Schüler*innen ordnen sie dann zu. In einer schwächeren Klasse kann die Lehrkraft die richtigen Lösungen vor der Bearbeitung des Arbeitsblattes zeigen.
- Im Anschluss bearbeitet die Klasse wieder in PA die Aufgaben 10–15 (**M1**).
- Die Ergebnisse werden im UG besprochen.
- Die Klasse vereinbart, dass solche Begriffe gemeinsam gesammelt und verwendet werden.
- Mit älteren Schüler*innen kann als Abschluss ein Video zum Begriff „Razupaltuff" von Marc-Uwe Kling angesehen werden.

Weitere Hinweise:
- Die gefundenen und benannten Sachverhalte in dieser Einheit können zum Rückgriff gut im Klassenzimmer, z. B. auf einem Plakat, visualisiert und im laufenden Schuljahr ständig erweitert werden.
- Diese Lerneinheit sollte nach ihrer Einführung immer wieder mal im Unterricht aufgegriffen werden, ansonsten gerät Vieles in Vergessenheit.

* **Lösungen für M1 1–9:**
1. französisch: l'esprit de l'escalier; 2. schottisch: to tartle; 3. auf Jagan, Sprache auf Feuerland: mamihlapinatapai; 4. indonesisch: jayus; 5. italienisch: abbiocco; 6. französisch: cercle vertueux, englisch: virtuous circle; 7. japanisch: Tsundoku; 8. hawaianisch: Pana Po'o; 9. sitt (das Wort hat sich nicht durchgesetzt)

M1 Begriffe finden

Aufgabe: Stelle dir mal vor, es gäbe ein Wort, das die folgenden Dinge und Situationen genau beschreibt. Wie würdest du es nennen, wenn …

1 … dir die beste und schlagfertigste Antwort erst fünf Minuten nach dem Gespräch einfällt?

2 … du jemanden triffst, den du kennst, dir aber der Name der Person nicht einfällt?

3 … zwei Menschen sich sehr gern haben, vielleicht sogar ineinander verliebt sind, sich sehnsuchtsvolle Blicke zuwerfen und sich beide wünschen, dass der andere die Initiative ergreift, es aber keiner macht?

4 … jemand einen Witz so schlecht erzählt, dass nicht der Witz selbst die Zuhörer zum Lachen bringt, sondern die Art und Weise, wie der Witzerzähler die Pointe vermasselt?

5 … du zu viel gegessen hast, faul auf deinem Stuhl sitzt und dich gar nicht mehr bewegen willst?

6 … alles wie am Schnürchen klappt, eine gute Sache zur nächsten führt und so weiter (quasi das Gegenteil eines Teufelskreises)?

7 … du dir zum wiederholten Mal ein Buch kaufst, aber eigentlich gar keine Zeit zum Lesen hast und das Buch ungelesen zu den anderen ungelesenen Büchern ins Regal stellst?

8 … du versuchst, dich zu erinnern, wo du etwas hingelegt hast und dich dabei ganz unbewusst am Kopf kratzt?

9 … du so viel getrunken hast, dass du nicht mehr durstig bist (analog zu „satt")?

Habt ihr das passende Wort gefunden? Nein?
Aber es wäre doch praktisch, da all diese Situationen, die oben beschrieben sind, immer wieder vorkommen.
Tatsache ist, es gibt Wörter für die oben beschriebenen Situationen – nur nicht in der deutschen Sprache!

Situationen, für die es keine Begriffe gibt

10 Wie nennst du das Gefühl, morgens in die Schule zu kommen und perfekt für den Tag vorbereitet zu sein, alle Aufgaben gemacht und ausreichend gelernt zu haben?

11 Wie nennst du es, wenn du gar keine Lust auf irgendeine Aktion hast, dann aber doch hingehst und die Sache wider Erwarten sehr viel Spaß macht?

12 Du sitzt nachmittags an deinem Schreibtisch und musst für die Schule lernen. Du hast aber überhaupt keine Motivation und kannst dich nicht durchringen, mit deinen Aufgaben zu beginnen. Mit welchem Wort könntest du das benennen?

13 Wie könntest du das Gegenteil nennen?

14 Wie nennst du das Gefühl, genau zur richtigen Zeit am richtigen Ort genau das Richtige getan zu haben?

15 Für welche Situationen/Gefühle/Dinge sollte es sonst noch ein Wort geben?

M2 Infotext

Es gibt Situationen, die immer wieder mal vorkommen, aber für die es in der deutschen Sprache keinen Begriff gibt. Warum nicht? – Das ist nicht so einfach zu beantworten. Neue Wörter kommen in der deutschen Sprache dazu, andere werden vergessen.
Vermutlich ist es nicht weiter schlimm, dass nicht alle Situationen Begriffe haben, die sie beschreiben. Aber es gibt vielleicht doch die eine oder andere Sache, die man besser „in den Griff" bekäme, wenn sie einen Namen hätte. In der Psychologie gibt es den Ausdruck **„Name it to tame it"**. Wörtlich übersetzt heißt das: „Benenne es, um es zu zähmen." Ursprünglich sind damit vor allem Gefühle und Ängste gemeint. Wer zum Beispiel unter starken Angstgefühlen leidet, kann lernen, diese zu benennen, um sie zu „zähmen".
Man könnte viele andere Dinge, die noch keinen griffigen Namen haben, benennen, um sie leichter einzuordnen oder leichter zu lernen. Wer kennt die „Lösungsformel für gemischtquadratische Gleichungen"? – Mit Sicherheit fast jeder! Allerdings nennen die meisten sie die „Mitternachtsformel". Die Formel selbst hat mit Mitternacht aber nichts zu tun, dennoch hat sich diese Bezeichnung durchgesetzt, weil sie griffiger ist.

Tipp: Es lohnt sich, für Gefühle, Situationen, Lernstoff, Erkenntnisse oder Themen ein griffiges Wort zu erfinden, falls es dafür noch kein gutes gibt!

Es gibt viele Möglichkeiten, Begriffe / Namen zu erfinden, zum Beispiel:
- Spitznamen
- Abkürzungen, z. B. DNA = Desoxyribonukleinsäure
- beliebige Zusammenhänge, z. B.: Ein Schüler soll, wenn er um Mitternacht geweckt wird, die Mitternachtsformel auswendig aufsagen können.
- Dinge, die so ähnlich klingen, wie das, was sie aussagen sollen, z. B.: auf Dänisch: Morgenfrisk ➠ Wenn man gut ausgeschlafen so richtig tatendurstig in den Tag startet.

Wir und die anderen

a) Ingroup-Solidarisierung bzw. Outgroup-Spezialisierung

Ziele:
Die Schüler*innen lernen das Prinzip der Ingroup-Solidarisierung bzw. Outgroup-Spezialisierung kennen und erleben, welche Konsequenzen die Ausgrenzung anderer bzw. andersartiger Gruppen haben kann.

Zeit: ca. 45 Minuten (evtl. auch weiterführende Diskussion)

Vorbereitung:
- Zeitungsartikel (**M1**) in Klassenstärke kopieren
- Arbeitsblatt (**M2**) in Klassenstärke kopieren
- Infotext (**M3**) als Anregung für die Lehrkraft oder zum Kopieren für die Klasse
- Wichtig: Wenn die Klasse den Infotext lesen soll, dann diesen nicht zu Beginn austeilen!

Worum geht's?
Das Prinzip der Ingroup-Solidarisierung bzw. Outgroup-Spezialisierung ist eine der wichtigsten, wenn nicht sogar *die* wichtigste Erklärung dafür, wie die Ausgrenzung anderer bzw. andersartiger Gruppen funktioniert. Diese führt in ihrer extremsten Form zu Vorurteilen, Ausländerfeindlichkeit, Antisemitismus etc.
Mit diesem Prinzip kann man Menschen manipulieren und verblenden. Jede*r Schüler*in sollte es kennen, damit er*sie *erkennen* kann, wenn er*sie darauf „hereinfällt". Das Prinzip wird leider manchmal gezielt eingesetzt, wenn Ausgrenzung und Hass das Ziel sein sollen.

Skizzierter Ablauf:
- Die Klasse liest den Zeitungsartikel (**M1**) und bearbeitet mündlich (ggf. mit Stichpunkten) in PA das Arbeitsblatt (**M2**).
- Danach folgt eine kurze Besprechung der Aufgaben im UG.
- Bei der Bearbeitung dürfte manchen Schüler*innen ab Aufgabe 7 klar werden, dass hier teilweise gefährliche Aussagen formuliert wurden. Hier sollte die Lehrkraft ansprechen, dass vermeintliche Ergebnisse solcher Forschungen nur falsch sein können, dass es aber Menschen gibt, die solche „Wahrheiten" verbreiten und andere, die sie gerne glauben.
- Aufgabe 7 sollte recht ausführlich in der Klasse besprochen werden. Es ist möglich, die Schüler*innen zu den Beispielen ganze Sätze formulieren zu lassen. Diese Sätze können dann später wieder aufgegriffen werden und, wenn die Schüler*innen die Falschheit der Sätze erkannt haben, wirkungsvoll durchgestrichen oder zerrissen werden.
- Der Infotext (**M3**) könnte ggf. ausgeteilt, gelesen und die Fragen beantwortet werden. Ansonsten dient er als Hintergrundinformation für die Lehrkraft.
- Die Fragen unter dem Infotext (moderiert von der Lehrkraft) dienen der Festigung, indem die Schüler*innen den „Lernstoff" in eigenen Worten erklären. Mit einem UG kann die Lehrkraft einschätzen, wie gut die Klasse das Prinzip verstanden hat.
- Es bietet sich an, für die sperrigen Begriffe „Ingroup-Solidarisierung" bzw. „Outgroup-Spezialisierung" eine Abkürzung zu finden, z. B. ISOS-Prinzip.

Weitere Hinweise:
Idealerweise führt die Lehrkraft mit dieser Klasse nach einigen Wochen die Einheit b) „Alle Soundso sind soundso" durch.

M1 Zeitungsartikel

Forscher beweisen: Augenfarbe maßgeblich für Intelligenz verantwortlich!

(Bonn – mrj) Der an der Universität Bonn lehrende, renommierte Professor Dr. Nisdölb hat nun in einer empirischen Studie eindeutig nachgewiesen, dass es v.a. bei Jugendlichen in der Pubertät einen engen Zusammenhang zwischen Intelligenz und Augenfarbe gibt.

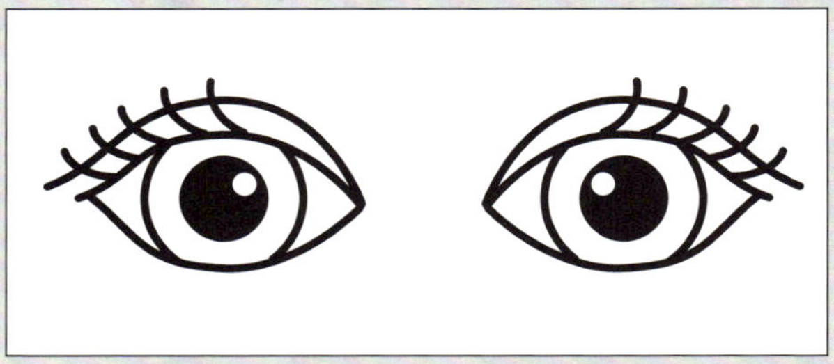

Nach den neuesten Zahlen, die Professor Nisdölb letzte Woche beim jährlichen lernpsychologischen Kongress in Wien vorgelegt hat, lässt sich eindeutig darauf schließen, dass Menschen mit blauer Augenfarbe zwischen 20 und 30 IQ-Punkte (IQ = Intelligenzquotient, mit dessen Hilfe man das intellektuelle Leitungsvermögen eines Menschen in Zahlen ausdrücken kann (Anm. d. Red.)) mehr als Menschen mit anderer Augenfarbe haben.
Menschen mit blauer Augenfarbe, so der Gehirnforscher, begreifen kognitive Inhalte schneller und können neuen Lernstoff leichter längerfristig abspeichern.
Inwieweit Menschen mit grüner oder brauner Augenfarbe bei diesen Tätigkeiten Nachteile in Kauf nehmen müssen, gilt es noch zu erforschen. Nisdölb geht allerdings davon aus, dass diese Menschen bei intellektuell anspruchsvollen Tätigkeiten mehr Schwierigkeiten haben. So sei in einer erneuten Studie zu erforschen, ob auch die Schulleistungen und die spätere berufliche Situation bis hin zum Einkommen mit der Augenfarbe in Verbindung stehe.
Für einige Empörung unter seinen Kollegen sorgte Nisdölb auch mit seiner Forderung, im Falle, dass seine Forschungen seine Vermutungen bestätigen, Menschen mit brauner oder grüner Augenfarbe verantwortungsvolle Posten in der Industrie oder Politik weitgehend verweigert werden sollten.

M2 Überlegungen zum Zeitungsartikel

Aufgaben:

1 Unterstreiche die wichtigsten Informationen im Zeitungsartikel.

2 Welche Konsequenzen sollte man in Schule und Ausbildung anhand der Forschungen von Herrn Professor Nisdölb ziehen?

3 Was ist deine persönliche Meinung zu den Forschungen von Professor Nisdölb?

4 Warum gefällt dir das Ergebnis von Herrn Nisdölbs Forschungen? Oder warum nicht?

5 Wie würdest du dich fühlen, wenn sich bei den Forschungen herausstellen würde, dass genau das Gegenteil zutrifft?

6 Was wäre, wenn die Ergebnisse der Forschungen sich nicht auf die Augenfarbe beziehen würden, sondern auf …
- die Fußballclub-Fanzugehörigkeit: FC Bayern München – VfB Stuttgart? (Menschen, die FCB-Fans sind, haben in der Regel einen höheren/niedrigeren IQ, während Fans vom VfB eher einen höheren/niedrigeren IQ haben usw.)
- das Geschlecht: Junge – Mädchen?
- das soziale Umfeld: armes Elternhaus – reiches Elternhaus?
- die Herkunft: Deutschland – Ausland?
- die Hautfarbe: hell – dunkel – weiß – schwarz?
- den Wohnort: deine Stadt – die Nachbarstadt?
- den Glauben/die Religion: dein eigener Glaube/deine eigene Religion – ein anderer Glaube/eine andere Religion?

7 Würdest du es gut finden, wenn Herr Nisdölb auch dazu (siehe **6**) geforscht und Ergebnisse präsentiert hätte?

8 Welches Ergebnis hättest du dir jeweils gewünscht?

9 Warum hättest du dir dieses Ergebnis gewünscht?

M3 Infotext

Worum geht es eigentlich?
Die Forschungen von Professor Nisdölb führen einen ganz gezielt aufs Glatteis und *manipulieren.* Professor Nisdölb gibt es wirklich, allerdings muss man seinen Namen rückwärts lesen. Sicherlich fällt auf, dass seine Forschungen Blödsinn sind. Die Augenfarbe sagt nichts über die Intelligenz eines Menschen aus, auch nicht das Geschlecht, das soziale Umfeld, die Herkunft, die Hautfarbe, die Religion usw. Nichts davon sagt etwas darüber aus, ob ein Mensch intelligenter oder in irgendetwas besser oder schlechter als ein anderer ist.
Aber: Wenn man zu der Gruppe gehört, die aufgrund eines Merkmals „besser als eine andere ist", dann gefällt das einem nicht und man kommt unter Umständen nur schwer dagegen an, dass der eigene Verstand sagt, dass das eigentlich Blödsinn sein muss. **Und:** Solange es um Augenfarbe und Intelligenz geht, ist es vielleicht harmloser Spaß, aber nicht, wenn es um Hautfarbe, Herkunft, Religion etc. geht.

Die Manipulationstechnik nennt man ***Prinzip der Ingroup-Solidarisierung bzw. Outgroup-Spezialisierung***.
Es funktioniert sehr einfach:
- Man bildet eine völlig beliebige Gruppe anhand eines völlig beliebigen Merkmals (z. B. alle, die ein blaues Oberteil tragen).
- Dann weist man denen, die dieser Gruppe angehören, eine völlig beliebige Eigenschaft zu, die diese Gruppe *besser* als die andere macht (z. B. alle mit blauem Oberteil sind intelligenter, sportlicher, freundlicher o. Ä.).
- Die begünstigte Gruppe solidarisiert sich sofort, d. h. sie fühlen sich sofort *zusammengehörend* (Solidarisierung) – und allen anderen *überlegen* (Spezialisierung), obwohl beispielsweise das Tragen eines blauen Oberteils überhaupt nichts aussagt.

Aufgaben für die Klasse:

1 Herrn Nisdölb gibt es wirklich, aber man muss seinen Namen rückwärts lesen! Trotzdem glauben die *Begünstigten* solcher Forschungen gerne den Ergebnissen. Warum?

2 Wann und wo gehören Menschen gerne zu Gruppen, die angeblich besser sind als andere Gruppen?

3 Was wir behandelt haben, nennt man *Prinzip der Ingroup-Solidarisierung bzw. Outgroup-Spezialisierung*. Erkläre die Begriffe und das Prinzip und mache dazu Stichpunkte!

Wir und die anderen

b) Alle Soundso sind soundso

Ziele:
Die Schüler*innen erkennen und entlarven das Prinzip der Ingroup-Solidarisierung bzw. Outgroup-Spezialisierung.

Zeit: ca. 45 Minuten

Vorbereitung:
- Arbeitsblatt (**M1**) in Klassenstärke kopieren
- Infotext (**M2**) als Anregung für die Lehrkraft oder zum Kopieren für die Klasse
- Wichtig: Wenn die Klasse den Infotext lesen soll, dann diesen nicht zu Beginn austeilen!
- Karten zum Beschriften vorbereiten (1/4 DIN-A4-Seiten; zehn pro Schüler*in)
- Ggf. Technik vorbereiten, um Video zu zeigen

Worum geht's?
Diese Einheit ist als Fortführung des Kapitels a) „Ingroup-Solidarisierung bzw. Outgroup-Spezialisierung" gedacht, idealerweise einige Wochen später.
Es wird erneut getestet, ob die Schüler*innen auf das Prinzip hereinfallen oder nicht. Diese Stunde ist keine Deutschstunde, auch wenn es auf den ersten Blick so scheinen mag.
Im Verlauf der Einheit formuliert die Klasse Aussagen über Gruppen, die sie später als „wahr" oder „unwahr" beschreiben muss. Höchstwahrscheinlich formuliert die Klasse dabei Sätze, die sie in das Prinzip stolpern lässt.
Diese Unterrichtseinheit verlangt eine genaue Beobachtung durch die Lehrkraft. Ggf. kann sie in der anschließenden Diskussion einzelne Schüler*innen mit ihrem Verhalten oder ihren Aussagen konfrontieren. Evtl. können die Aussagen durch gezielte Hilfe („Dann schreib doch: Alle Ausländer sind …") in Richtung des gewünschten Ziels gelenkt werden.
Erkennen einige Schüler*innen im Verlauf der Einheit bereits das Prinzip (und die Lehrkraft kann sie nicht „einfangen"), ist es im Grunde umso besser: Lernziel erreicht!

Skizzierter Ablauf:
- Die Schüler*innen bearbeiten zunächst in EA die Aufgaben 1–3 (**M1**)*.
- In GA bearbeiten sie dann die Aufgaben 4–7.
- Es ist wichtig, die Aussagen und ihre Wirkung in der Klasse zu besprechen und zu diskutieren. Dazu liest die Klasse entweder den kurzen Infotext (**M3**) oder die Lehrkraft vermittelt die Inhalte mündlich.
- Die Klasse sollte erkennen, dass und wie sie auf das Prinzip der Ingroup-Solidarisierung bzw. Outgroup-Spezialisierung hereingefallen ist und was die Aussagen bewirkt haben.
- Die Lehrkraft muss in dieser Phase sensibel, aber bestimmt, die Aussagen der Schüler*innen aufgreifen und u. U. zerpflücken: „Dir hat diese Aussage gefallen, weil du zu der besseren Gruppe gehörst." Oder: „Das war für XY natürlich gemein, weil sie zu der Gruppe mit den schlechten Eigenschaften gehört."
- Die Klasse kann darüber diskutieren, wie schnell Vorurteile ungeprüft als „wahr" eingeschätzt werden, wenn sie der eigenen Sichtweise genehm sind.
- Mit älteren Schüler*innen könnte eine Diskussion zum Abschluss der folgende Film bieten: "Don't put people in boxes", https://www.youtube.com/watch?v=zRwt25M5nGw

* **Lösungen für M1 1–2:**
1. Adverb, Nomen, Verb, Adjektiv; 2. Satzanfang „Alle" und Nomen „Soundso" groß, Verb „sind" und Adjektiv „soundso" klein

M1 Ingroup-Solidarisierung bzw. Outgroup-Spezialisierung

Aufgaben:

Alle Soundso sind soundso.

1 Bestimme die Wortarten in diesem Satz!

____.

2 Erkläre die Groß- und Kleinschreibung!

____.

3 Suche zehn Sätze, bei denen du das Nomen „Soundso“ durch eine oder mehrere Personen und das Adjektiv „soundso“ durch ein anderes Adjektiv ersetzt. Schreibe die zehn Sätze auf zehn Karten!
Zum Beispiel: *Alle Lehrer sind nett; Alle Schüler sind unberechenbar.*
Wenn du möchtest, darfst du auch etwas nicht so Nettes schreiben.

4 Stellt euch in Gruppen gegenseitig eure Sätze vor!

5 Sortiert nun alle Karten eurer Gruppe:

Linke Seite:
die Personen oder Personengruppen, zu denen ihr gehört

Rechte Seite:
die Personen oder Personengruppen, zu denen ihr nicht gehört

Könnt ihr euch in der Gruppe nicht einigen, legt die Karte in die Mitte.

6 Diskutiert nun in der Gruppe: Welche der Aussagen auf den Karten sind „wahr“ und welche nicht?

7 Einigt euch in der Gruppe auf 3–6 Kärtchen, die ihr in der Klasse vorstellen wollt.

M2 Infotext

Vermutlich habt ihr es inzwischen gemerkt: In dieser Stunde ging es nie um Rechtschreibregeln. Die Aufgaben sollten euch „in die Falle“ locken, und zwar in die Falle des ***Prinzips der Ingroup-Solidarisierung bzw. Outgroup-Spezialisierung***.
Ihr habt beim Ausfüllen der Karten bestimmt Gruppen gebildet und ihnen positive oder negative Eigenschaften zugeschrieben. Bei der Frage, ob ihr dazugehört oder nicht, habt ihr euch gefreut, wenn der Gruppe positive Eigenschaften zugeschrieben wurden und vielleicht geärgert, wenn ein Mitschüler das für eine „lustige“ Bemerkung genutzt hat. Obwohl ihr das Prinzip gut kennt, seid ihr hineingetappt, oder?

! **Achtung:** Man sollte immer wachsam sein, wenn jemand *eine Gruppe von Menschen* beurteilt! Es ist ein schönes Gefühl irgendwo dazuzugehören, aber nicht, wenn man die, die nicht dazugehören, schlecht macht. Sätze mit „alle“ (oder anderen Verallgemeinerungen) sind fast immer Vorurteile!

Die Macht der Worte

a) Experiment

Ziele:
Die Schüler*innen erkennen mithilfe eines kleinen Experimentes, dass sie mit positiver Unterstützung schwachen Schüler*innen sehr helfen, mit abwertenden Kommentaren diese aber enorm schwächen können.

Zeit: ca. 15 Minuten

Vorbereitung:
Hier werden 3–5 Schüler*innen als Versuchspersonen eingesetzt. Die Lehrkraft schafft eine Möglichkeit, die Klasse in das Setting einzuführen, ohne dass die Versuchspersonen es mitbekommen. Diese können unter einem Vorwand nach draußen geschickt werden, um sich z. B. mit einem fingierten Auftrag zu beschäftigen.

Worum geht's?
Jedes Lob und jede Aufmunterung bringt viel mehr als Kritik und Vorwürfe. Kindern und Jugendlichen dürfte es hingegen nicht bewusst sein, wie enorm ihr Einfluss auf ihre Mitschüler*innen sein kann – und wenn es nur eine kleine Geste ist.

Skizzierter Ablauf:
- Die Versuchspersonen kommen einzeln ins Klassenzimmer zurück und müssen (evtl. an der Tafel) einfache Aufgaben lösen, z. B. aus dem großen Einmaleins oder einfache Grammatikaufgaben.
- Die Klasse beginnt nun unterschwellig und leise immer wiederkehrende Kommentare zu den Ergebnissen der jeweiligen Versuchsperson abzugeben.
- Zuvor wird festgelegt, ob die Klasse
  - ermutigende Kommentare („Prima!", „Gut!", „Weiter so!", Klappt doch!", „Du schaffst das!", „Du kannst das!", „Auf geht's!", „Sehr gut!" etc.),
  - oder abwertende Kommentare abgeben und die Person runterziehen will („Oh je", „Das hat aber gedauert", „Das schaffst du nicht!", „Geht das nicht schneller?" etc.).
- Auch die Lehrkraft kann mit Tonfall, Gestik und Mimik die ermutigenden oder abwertenden Kommentare unterstützen.
- Allerdings sollte sie mit der Klasse absprechen, dass leise, unterschwellige Kommentare ausreichen und verhindern, dass die Versuchsperson irgendetwas merkt.
- In der Regel wird die von der Klasse gestärkte Person gute Ergebnisse abliefern. Wer aber abgewertet wird, wird vermutlich immer unsicherer.
- Es ist wichtig, den Versuch bei jeder Person nach ein paar Minuten abzubrechen. Am besten wird die Person zunächst nach ihren Gefühlen gefragt („Wie ging es dir gerade?"). Anschließend wird sie in das Setting eingeweiht, setzt sich wieder hin und verhält sich wie der Rest der Klasse.
- Wenn alle Versuchspersonen an der Reihe waren, findet eine Diskussion im Klassenverband statt. Folgende Fragen sollte man aufgreifen:
  - *Welche Rolle haben wir gespielt?*
  - *Wie einfach ist es, jemanden zu hemmen oder zu unterstützen?*
  - *Wie groß ist der Einfluss auf jemanden, wenn er unterstützt wird oder aber er nicht an den eigenen Erfolg glaubt?*
  - *Welche Schlüsse können wir für den Umgang miteinander aus dem Versuch ziehen?*

Die Macht der Worte

b) Hilfreiche Selbstgespräche führen

Ziele:
Die Schüler*innen lernen eine Technik kennen, mit der sie sich selbst durch hilfreiche Kommentare positiv unterstützen können.

Zeit: ca. 15 Minuten

Vorbereitung:
- Sprüche mit Fragen (**M1**) vergrößert für Tafel o. Ä. kopieren
- Technik für hilfreiche Selbstgespräche (**M2**) entweder für die Klasse kopieren oder mündlich vermitteln
- Ggf. Notizzettel vorbereiten

Worum geht's?
Idealerweise schließt die Einheit an das vorherige Kapitel an und kann ungefähr so eingeleitet werden: „Ihr habt gestern gesehen, dass ihr euren Mitschüler*innen mit euren Kommentaren helfen oder Steine in den Weg legen könnt. Genauso ist es, wenn ihr euch selbst Kommentare gebt.“
Jeder Mensch denkt, solange er wach ist, und führt dabei nicht selten Selbstgespräche. Die Art und Weise, wie man dabei über sich selbst nachdenkt, spielt für das eigene Fühlen und Handeln eine enorme Rolle. Genauso wie die Kommentare anderer Menschen entmutigen oder aufmuntern können, können es auch die Kommentare, die man sich selbst in Gedanken gibt. Oft ist man sich dessen nicht bewusst oder beeinflusst sich selbst, ohne es zu ahnen.
Deswegen soll dieses Kapitel ermuntern, sich selbst positiv zu unterstützen und *hilfreiche Selbstgespräche* zu führen.
Die Einheit soll einen Denkimpuls bieten und eine kleine Technik für hilfreiche Seltgespräche (Zettel in Hosentasche) vorstellen.

Skizzierter Ablauf:
- Die Klasse spricht gemeinsam über ihre Gedanken zu den Sprüchen (**M1**; Tafel, Beamer o. Ä.) und überlegt sich ggf. Beispiele.
- Entweder liest die Klasse gemeinsam den Text zur Technik für hilfreiche Selbstgespräche (**M2**) oder die Lehrkraft vermittelt die Inhalte mündlich.
- Durchführung der Technik: Jede*r schreibt auf einen Zettel aufmunternde Kommentare (an sich selbst) und steckt ihn in die Hosentasche.
  ➠ Wer möchte, kann den eigenen Zettel vorstellen!

Weitere Hinweise:
Es bietet sich an, nach einigen Wochen an das Thema anzuknüpfen:
- *Welche Kommentare habt ihr aufgeschrieben?*
- *Wie haben sie geholfen?*
- *Habt ihr in den letzten Wochen einmal erlebt, dass euch eure eigenen Kommentare / euer eigenes Denken heruntergezogen haben?*

M1 Sprüche

Du kannst denken, was du willst. Aber denkst du auch, was du willst?

➠ Was bedeutet das?

Achte auf Deine Gedanken, denn sie werden Worte.
Achte auf Deine Worte, denn sie werden Handlungen.
Achte auf Deine Handlungen, denn sie werden Gewohnheiten.
Achte auf Deine Gewohnheiten, denn sie werden Dein Charakter.
Achte auf Deinen Charakter, denn er wird Dein Schicksal.

➠ Wie kann man diesen Spruch verstehen?

Wir fühlen, was wir fühlen, weil wir denken, was wir denken.

➠ Stimmt das? Gibt es Beispiele dafür?

M2 Technik für hilfreiche Selbstgespräche

Jeder Mensch denkt von morgens bis abends, das Gehirn kann nicht nichts denken. **Aber:** Man kann zu einem großen Teil selbst bestimmen, *was* oder *wie* man denkt! **Und:** Es ist alles andere als egal, was oder wie man denkt, vor allem über sich selbst!
Deswegen sollte man erst einmal darauf achten, dass man mit sich selbst liebevoll und aufmunternd umgeht. Man sollte sich selbst so unterstützen, wie man einen lieben Freund oder eine liebe Freundin unterstützen würde. Wenn man das durchzieht, geht es einem automatisch besser, man wird fröhlicher und leistungsstärker. Vielleicht wird man auch motivierter und disziplinierter.
Das Gegenteil geht natürlich auch: Viele machen sich mit ihren eigenen Gedanken selbst fertig – und merken nicht einmal, was sie damit anrichten.

Durchführung der Technik:

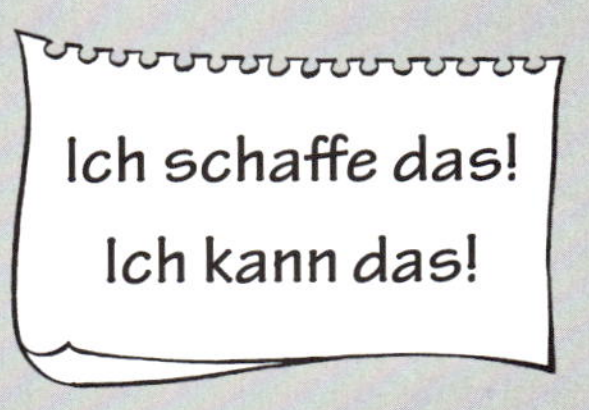

Man schreibt 3–4 liebevolle und aufmunternde Sätze auf einen Zettel und steckt ihn in die Hosentasche. Der Zettel erinnert einen daran, dass man mit sich selbst gut umgehen will.
Beispiele: *Ich schaffe das! Ich kann das! Das kann nicht so schwer sein! Ich lege los! Aller Anfang ist schwer, aber Stück für Stück kriege ich das in den Griff! Dieser Rückschlag war gemein, aber jetzt erst recht!*

➠ Man kann auch einen Zettel mit negativen Sätzen formulieren, diese durchstreichen, den Zettel zerreißen und wegschmeißen!

Die Macht der Worte

c) Selbsterfüllende Prophezeiungen

Ziele:
Die Schüler*innen lernen, was selbsterfüllende Prophezeiungen sind, wie sie wirken und wie man sie ggf. nutzen kann.

Zeit: ca. 30–45 Minuten

Vorbereitung:
- Arbeitsblatt (**M1**) in Klassenstärke kopieren
- Infotext (**M2**) als Anregung für die Lehrkraft oder zum Kopieren für die Klasse
- Regelkreis (**M3**) zur Veranschaulichung vorbereiten (für Beamer o. Ä.)
- Kärtchen (**M4**) in Klassenstärke kopieren oder ggf. ausschneiden und als Stapel bereitlegen
- Tipps (**M5**) als Anregung für die Lehrkraft oder zum Kopieren für die Klasse

Worum geht's?
Eine selbsterfüllende Prophezeiung ist eine Vorhersage, die sich erfüllt, nur weil man sie so vorhergesagt hat.
Die Beispiele dieser Einheit sind auf die Welt der Schüler*innen zugeschnitten. Es sei an dieser Stelle darauf verwiesen, welche enorm wirkungsvollen selbsterfüllenden Prophezeiungen eine Lehrkraft gegenüber ihren Schüler*innen machen kann – einmal im direkten Umgang mit ihnen (die pädagogische Todsünde: „War ja klar – das wird nichts mit dir …"), aber auch indirekt (vgl. Pygmalion-Effekt oder Rosenthal-Effekt).

Skizzierter Ablauf:
- Die Schüler*innen lesen sich die Fallbeispiele (**M1**) durch und diskutieren sie in PA oder GA. Bei den Fallbeispielen wird aufgezeigt, wie sich Prophezeiungen jeweils selbst erfüllen. Evtl. können die Ergebnisse in einer kurzen Gesprächsrunde vorgestellt werden.
- Entweder lesen die Schüler*innen den Infotext (**M2**) zu selbsterfüllenden Prophezeiungen oder die Lehrkraft vermittelt den Inhalt mündlich, über Beamer o. Ä.
- Die Lehrkraft bespricht mit der Klasse gemeinsam den Regelkreis (**M3**).
- In ihren Gruppen oder zu zweit erklären die Schüler*innen das Prinzip in eigenen Worten bzw. den Regelkreis mit einem eigenen Beispiel (z. B.: „Warum erleidet jemand, der Angst vor einem Unfall hat, viel wahrscheinlicher tatsächlich einen Unfall?").
- Mithilfe der Kärtchen für Vorhersagen (**M4**) folgt die praktische Umsetzung: Die Schüler*innen überlegen sich in EA Vorhersagen für die verschiedenen Anlässe. Das zeigt ihnen, dass sie ständig Vorhersagen machen, die ihrerseits wieder Einfluss haben können. Alternativ können sie die Kärtchen von einem Stapel ziehen.
- Vertiefend könnte man anhand einer getroffenen Prophezeiung gemeinsam den Regelkreis auffüllen („Du nimmst an, dass dein nächster Streit so verläuft, deswegen wirst du …, was dazu führt, dass …").
- In der Diskussion kann die Lehrkraft mit den Schüler*innen den Placebo-Effekt oder die Wirkung von außenstehenden Prophezeiungen (Horoskop) diskutieren.
- Es werden Tipps (**M5**) gegeben, um selbsterfüllende Prophezeiungen in eine günstige Richtung zu lenken.

Weitere Hinweise:
Im Internet findet sich zudem eine Vielzahl an vertiefenden Informationen, z. B. erklärende Videos bei YouTube.

M1 Fallbeispiele

1 *Lisa kommt in eine neue Klasse. Selbstverständlich hat sie Vorstellungen und Erwartungen, wie es ihr ergehen wird.*

a) Lisa macht sich keine Sorgen. Sie findet, dass sie ein offener Typ ist und schnell mit anderen ins Gespräch kommt. Sie denkt über sich selbst, dass sie liebenswürdig ist und die meisten sie gern haben werden.

b) Lisa hat ein mulmiges Gefühl. Sie glaubt, dass sie eher der schüchterne Typ ist und fragt sich, was die anderen wohl von ihr halten werden. Wenn sie sich unterhält, denkt sie ständig darüber nach, wie sie wohl auf andere wirkt.

In der Pause sieht Lisa, wie drei ihrer neuen Klassenkameraden beieinanderstehen, sich unterhalten und sich offensichtlich über etwas ärgern.

a) Lisa würde gerne wissen, worüber sie sich ärgern. Vielleicht fragt sie nachher mal nach.

b) Lisa befürchtet, dass sie über sie sprechen. Hat sie etwas falsch gemacht oder etwas Falsches gesagt?

Lisa begegnet am nächsten Tag Lukas, der auch in ihre neue Klasse geht. Lisa ruft ihm ein freundliches „Hallo!“ zu, aber Lukas reagiert überhaupt nicht.

a) Lisa vermutet, dass Lukas sie wohl nicht gesehen hat oder mit etwas anderem beschäftigt war. Sie beschließt, ihn später darauf anzusprechen.

b) Lisa meint, dass es bestimmt einen Grund gibt, weswegen Lukas sie nicht gegrüßt hat. Ob er sie nicht leiden kann? Vielleicht grüßt er sie ja das nächste Mal? Besser, sie nervt ihn nicht …

Aufgabe: Trefft eine Vorhersage: Wie wird Lisas Start in der Klasse jeweils gelingen? Erklärt eure Vermutungen!

2 *Tim denkt von sich selbst:*

a) In Mathe habe ich es einigermaßen drauf. Die nächste Klassenarbeit wird gut.

b) In Mathe bin ich voll mies. Die nächste Arbeit werde ich bestimmt vermasseln.

Tim wird deswegen jetzt vermutlich …

a) … richtig viel lernen und sich für die nächste Arbeit ganz besonders anstrengen.

b) … lieber gleich aufgeben, weil er sowieso nicht an seinen Erflog glaubt.

Tim sitzt jetzt am Schreibtisch und büffelt für die nächste Mathe-Klassenarbeit.

a) Dabei hat er ein gutes Gefühl. Er weiß, was er kann und hat den Überblick.

b) Dabei geht alles quälend langsam. Er kapiert eigentlich nichts, weil er ja schon gewusst hat, dass er in Mathe nichts draufhat.

Tim schreibt die Mathe-Klassenarbeit. Sie läuft wie erwartet.

a) Tim denkt: Klar, ich kapier's, ich hab' gearbeitet, das läuft!

b) Tim denkt: Ich wusste von vornherein, dass ich versage!

Aufgabe: Tim hat jeweils eine Vorhersage getroffen. Erklärt, wie diese sein Handeln und sein Ergebnis beeinflusst haben!

M2 Infotext

In beiden Fallbeispielen ist es nicht so, dass die Dinge so oder so sind, sondern, dass die Personen *denken*, sie sind so. Aus diesem Denken heraus treffen sie eine *Vorhersage*, wie sich die Dinge entwickeln werden. Das Interessante dabei ist: Die Dinge entwickeln sich dann genauso, wie die Vorhersage getroffen wurde. Und zwar nicht aus Zufall, sondern *weil* die Personen diese Vorhersage getroffen haben.
Das nennt man eine ***selbsterfüllende Prophezeiung***. Es geschieht etwas, das man so prophezeit hat, und zwar nur deswegen, weil man es vorher so prophezeit hat. Hätte man es nicht prophezeit oder einen anderen Ausgang, wäre vielleicht alles ganz anders gekommen.

Zu den Fallbeispielen:
Lisa findet Freunde oder eben nicht, weil sie das so oder so prophezeit hat. Aufgrund ihrer jeweiligen Prophezeiung hat sie sich entsprechend anders verhalten und somit das eine oder andere Ergebnis begünstigt.
Tim glaubt an seinen Erfolg oder nicht. Wer aber nicht an seinen Erfolg glaubt, der strengt sich auch weniger an (beim Sport kann so etwas entscheidend sein!).
Das Gemeine an der Sache ist: Die Prophezeiungen erweisen sich im Nachhinein betrachtet als wahr („Ich habe ja gleich gewusst, dass es so kommen wird und siehe da: So ist es auch gekommen!“).

Achtung: Eine Vorhersage kann sehr großen Einfluss auf das Ergebnis haben. Warum das so ist, leuchtet ein: Je nach Vorhersage verhält man sich anders. Man kann dabei unterscheiden zwischen
- dem Umgang mit anderen,
- dem Umgang mit einer Sache (z. B. Lernen, Sport, Musik, Begabung etc.).

M3 Regelkreis

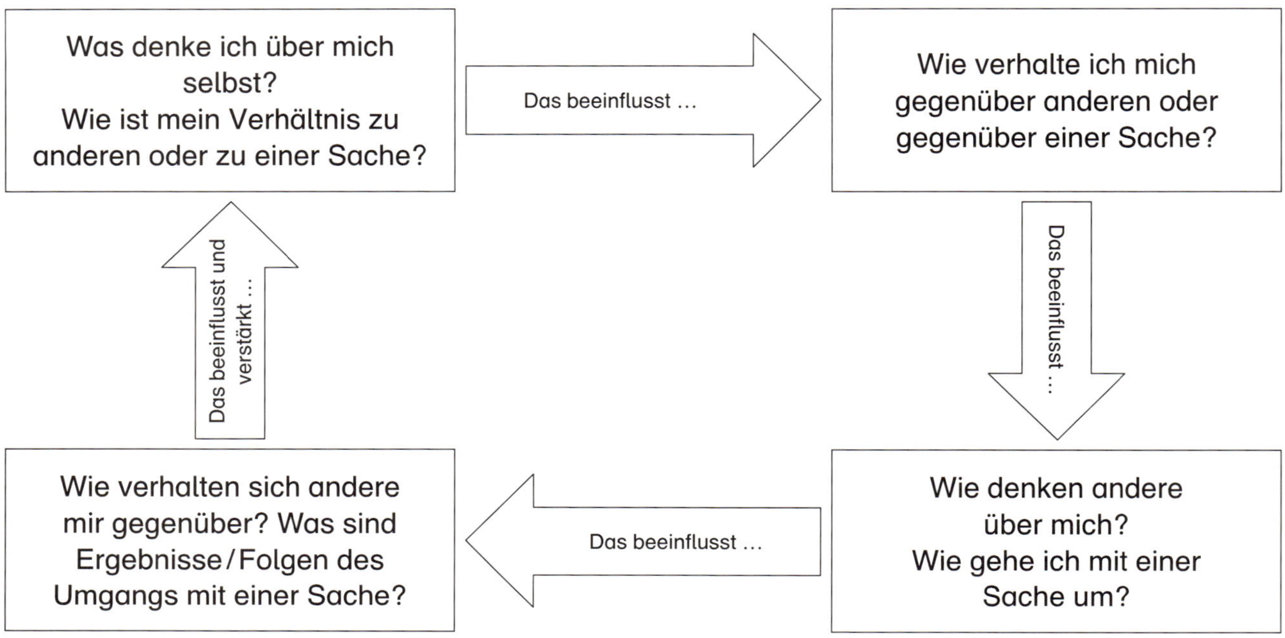

M4 Kärtchen für Vorhersagen

Wir alle machen ständig Vorhersagen und viele davon beeinflussen uns! Welche Vorhersagen hast du …

… für den heutigen Unterrichtstag?	… für heute Nachmittag?	… für die nächste Mathe-, Deutsch-, Englisch-Stunde etc.?
… für die nächste Klassenarbeit?	… für das nächste Treffen mit deinen Freunden?	… für das nächste Treffen mit deinem Schwarm?
… für morgen/für die kommende Woche?	… für den nächsten Streit mit deinem Bruder/deiner Schwester?	… für die nächsten Treffen mit jemandem, den du noch nicht kennst?

M5 Tipps

Und so nutzt du die selbsterfüllende Prophezeiung zu deinem Vorteil:

- Mache dir klar, dass wir jederzeit Vorhersagen machen und erkenne sie als solche. Überlege dir, welchen Einfluss sie auf dich und dein Handeln haben könnten.
- Mache einen *Faktencheck*: Wie sicher bist du dir, dass die Fakten, die zu deiner Vorhersage führen, wirklich stimmen? Was reimst du dir unter Umständen nur zusammen?
- Triff nach Möglichkeit *positive* Vorhersagen! So kann man sich auch auf gute Weise manipulieren.
- Denke positiv: Wenn eine Sache mehrere Deutungsmöglichkeiten zulässt (was eigentlich immer der Fall ist), entscheide dich für die positivste!
- Vielleicht probierst du das mal aus: *„Wenn du eine bestimmte Eigenschaft haben willst, handle so, als ob du sie schon hättest.“* (William James)
- Mache dir klar, dass auch du mithilfst, die selbsterfüllenden Prophezeiungen anderer zu erfüllen. Eine aufmunternde Bemerkung gegenüber einem anderen Menschen kann Wunder bewirken.

Guter Stil

a) Vom Sprechen und Fluchen

Ziele:
Die Schüler*innen lernen Möglichkeiten kennen, wie sie selbstständig trainieren können, Kraftausdrücke u.Ä. möglichst zu vermeiden.

Zeit: ca. 45 Minuten

Vorbereitung:
- Arbeitsblätter (**M1** und **M2**) in Klassenstärke kopieren
- Infotext (**M3**) als Anregung für die Lehrkraft oder zum Kopieren für die Klasse

Worum geht's?
Jugendliche verwenden Kraftausdrücke oder unpassende Formulierungen, eventuell ohne genau zu wissen, welche Wirkung sie damit erzielen – manchmal allerdings auch zur gezielten Provokation. Dann wird es Zeit, darüber nachzudenken, dass sie damit eine gewisse Wirkung erzielen oder einen ungünstigen Eindruck hinterlassen.
Damit konfrontiert sind Jugendliche oft der Meinung, im „Ernstfall" dann schnell umschalten zu können. Allerdings rutschen unschöne Wörter, die eventuell in der Peer-Group benutzt werden, schnell im Gespräch mit Erwachsenen heraus. Auch dies soll die Arbeit in dieser Einheit deutlich machen.

Skizzierter Ablauf:
- Die Klasse bespricht in GA die Fragen (**M1**) und jede*r notiert sich Stichpunkte auf dem Arbeitsblatt.
- Die Klasse liest den Text (**M2 oben**).
- Die Lehrkraft kann zur Ergänzung den Infotext (**M3**) einsetzen.
- Wieder in Gruppen probieren die Schüler*innen die alternativen Formulierungen und ihre Wirkung aus (Aufgabe auf **M2 oben**). Auch hier sollte ein UG oder eine Präsentation folgen.
- Die Fragen (**M2 unten**) können die Schüler*innen auch in Gruppen bearbeiten oder die Lehrkraft nutzt sie als Leitfaden.
- Zum Abschluss bietet es sich an, mit der Klasse eine Art „Absichtserklärung" zu formulieren (evtl. mit passendem Begriff). Darauf kann festgehalten werden, dass alle in der Klasse Kraftausdrücke vermeiden, und wie verfahren wird, wenn doch ein unpassender Ausdruck fällt (z. B. ein Hinweis durch eine*n Mitschüler*in). Dies hat zum Ziel, dass die verwendete Sprache in der Klasse ein gemeinsames Anliegen wird und sich nicht nur die Lehrkraft darum kümmert.

Weitere Hinweise:
Möglicherweise sieht die Klasse nach dem Bearbeiten dieser Einheit nicht ein, dass sie bestimmte Wörter vermeiden sollte, da es gerade der Tabubruch ist, der fasziniert. Dennoch können die Schüler*innen nun nicht mehr abstreiten, davon zu wissen, dass sie damit eine ganz bestimmte Wirkung erzielen. Sollte auch hier Gleichgültigkeit herrschen, kann man über die möglichen Gründe tiefer in eine Diskussion einsteigen. Ein Ansatz wäre dann, ob und wo es eventuell doch Grenzen gäbe, die dann zu viel wären (z. B. Beleidigung der Eltern). Am Ende könnte stehen, dass diese Grenzen nicht festgelegt sind, unterschiedlich empfunden werden und es eine wichtige Form von Rücksichtnahme ist, die Grenzen anderer Menschen zu respektieren.

M1 Wortwahl des Menschen

Aufgabe: Besprecht die folgenden Fragen und notiert Stichpunkte.

1 Die Sprache, die ein Mensch verwendet, sagt viel über ihn aus. Stimmt das? Findet dazu Beispiele!

____

____.

2 „Kraftausdrücke" sind derbe, ordinäre oder obszöne Wörter, die das Schamgefühl oder den guten Geschmack verletzen. Was bedeutet das?

____

____.

3 Lehrer und Eltern versuchen euch beizubringen, möglichst keine Kraftausdrücke, Flüche oder beleidigende Schimpfwörter zu verwenden. Warum?

____

____.

4 Könnt ihr ein Beispiel nennen, bei dem euch die Wortwahl eines Menschen schon einmal abgeschreckt hat?

____

____.

5 Gibt es Situationen, in denen es eigentlich egal ist, wenn jemand Kraftausdrücke verwendet? Warum? Ist das Ausmaß der Kraftausdrücke dann wirklich egal?

____

____.

6 Gibt es Situationen, in denen ihr auf gar keinen Fall Kraftausdrücke verwenden solltet? Warum?

____

____.

7 Viele Kraftausdrücke stammen aus dem Bereich des Fäkalen (fäkal = Dinge, die Menschen nach ihrer Verdauung ausscheiden) oder aus dem Bereich der Sexualität. Warum?

____

____.

8 Wie funktioniert Sprechen? Welche Arbeit verrichtet dabei das Gehirn?

____

____.

M2 Die Theorie des Sprechens und Denkens

Beim Sprechen (und Schreiben) verwendest du deinen Wortschatz: Dein Gehirn wählt aus allen Wörtern, die es kennt, die passenden Wörter aus. Da dein Wortschatz viele tausend Wörter enthält, die Suche nach dem passenden Ausdruck aber oft schnell gehen muss, wählt dein Gehirn einfach die Formulierungen, die es sonst häufig benutzt.

Tipp: Du kannst den eigenen Wortschatz auch trainieren und selbstständig erweitern, vor allem beim Lesen (oder beim Auswendiglernen), aber auch, wenn du für eine ganz alltägliche Formulierung eine andere verwendest.
Beispiel: nicht „ich habe Hunger" sagen, sondern „mein Magen sollte mal wieder gefüllt werden" oder „ein großes Loch im Bauch verlangt nach Nahrung".

Aufgabe: Versucht, für die folgenden Sätze andere, z. B. übertrieben formulierte zu finden.

Mir ist langweilig.

Ich bin müde.

Ich mag dich nicht!

Pass auf!

Das macht mir Spaß.

Du gehst mir auf die Nerven!

Ich liebe dich.

Lass mich in Ruhe!

Leih mir mal deinen Stift!

Was gibt es zu essen?

Kann ich mal aufs Klo?

Ich hab's vergessen.

Frage: Gerade bei den Sätzen, die eine unfreundliche Botschaft haben, habt ihr wahrscheinlich auch *nettere* und *gemeinere* Formulierungen gefunden. Wie wirken diese jeweils?

Aufgabe: Besprecht die folgenden Fragen.

1. Wie kann man in der Klassengemeinschaft erreichen, dass möglichst keine Kraftausdrücke verwendet werden? Reicht es, wenn man sich gegenseitig darauf hinweist?
2. Die Sprache, die ein Mensch gegenüber einem anderen verwendet, sagt viel über die Beziehung und über die gegenseitige Wertschätzung der beiden aus. Was bedeutet das?
3. Angenommen, jemand würde dich für das Verwenden unpassender Ausdrücke kritisieren. Würde dir das etwas ausmachen? Macht es einen Unterschied, *wer* dich für deine Sprache kritisiert?
4. Die Sprache, die ein Mensch benutzt, sagt viel über ihn oder sie aus. Oder?

M3 Infotext

1) Die Theorie des Sprechens und Denkens:

Wenn man spricht, verrichtet das Gehirn unglaublich komplizierte Arbeit. In Sekundenbruchteilen formuliert es aus den Wörtern, die man kennt, Sätze mit Sinn und Bedeutung, meistens mit richtiger Grammatik. Vielleicht ist einem schon aufgefallen, dass man die Dinge, kurz bevor man sie sagt, auch denkt.
Diese Arbeit des Gehirns läuft manchmal schief: Man verspricht sich, sagt etwas, das man gar nicht sagen wollte, drückt sich vielleicht ungeschickt aus, hat Schwierigkeiten, Dinge beim Namen zu nennen, weiß nicht recht, was man sagen will usw. Das Gehirn kann diese Arbeit meist gut verrichten, weil jeder Mensch einen *Wortschatz* hat. Wenn man eine Fremdsprache lernt, dann sind die gelernten Wörter der eigene Wortschatz – das gilt allerdings auch für die eigene Sprache. Man ist noch lange nicht damit fertig, neuen Wortschatz aufzunehmen, denn das Gehirn lernt ständig dazu: neue Wörter, neue Bedeutungen, neue Zusammenhänge.

2) Was hat „Die Theorie des Sprechens und Denkens“ mit dem Fluchen oder dem Verwenden von Kraftausdrücken zu tun?

Man verwendet zum Sprechen und Denken die Wörter des eigenen Wortschatzes. Es gibt eine Reihe von Wörtern, die man der Schnelligkeit und Bequemlichkeit des Gehirns geschuldet häufiger benutzt, und zwar die Wörter, die man gewohnt ist. Wenn man es sich nun zur Gewohnheit werden lässt, Kraftausdrücke zu verwenden, dann verwendet man sie immer – aus Gewohnheit. Und man kann eben *nicht schnell umschalten* und keine gewohnten Ausdrücke nehmen, wenn es darauf ankommt. Warum? – Aus Gewohnheit.
Forscher haben festgestellt, dass Menschen besonders häufig fluchen, wenn sie in einer Stresssituation sind. Das kann man beispielsweise an Erwachsenen beobachten, die es beim Autofahren eilig haben. Hier wird besonders gern geflucht oder geschimpft. Oder an Sportlern, die gerade am Verlieren sind. Manchmal riskieren Spitzenfußballer, die alle Regeln und Tricks kennen und jahrelange Erfahrung haben, dennoch eine Rote Karte, weil sie ihre Beleidigungen nicht zurückhalten können. Die Erklärung ist einfach: In einer Stresssituation ist das Gehirn sowieso schon in höchster Anspannung. Deswegen hat es nicht auch noch Kapazitäten frei, auf der Wortschatzliste nachzuschauen, was in dem Moment ein angemessenerer Ausdruck wäre. Deswegen beleidigt ein Fußballspieler schon mal schnell einen Schiedsrichter, weil ihm die richtige Wortwahl nicht einfällt (Er sagt also eher nicht: „Lieber Herr Schiedsrichter, bei Ihrer letzten Entscheidung unser Spiel betreffend sind Sie möglichweise einer falschen Einschätzung anheimgefallen, denn der Freistoß hätte eigentlich unserer Mannschaft zugesprochen werden sollen …“).

Tipp: Man sollte ständig trainieren, die richtigen, passenden Wörter zu finden und die unpassenden zu vermeiden. Wenn es einem im Alltag gelingt, auf Beleidigungen und Kraftausdrücke zu verzichten, dann gelingt das in Stresssituationen, wenn es wirklich darauf ankommt, wahrscheinlich auch!

Guter Stil

b) Bitte! Danke! Kann ich helfen?

Ziele:
Die Schüler*innen beschäftigen sich mit drei kleinen Formulierungen, die als Zeichen der Höflichkeit und Freundlichkeit in der Klasse verwendet werden sollten: Bitte! – Danke! – Kann ich helfen?

Zeit: ca. 15 Minuten

Vorbereitung:
- Infotext (**M**) als Anregung für die Lehrkraft oder zum Kopieren für die Klasse
- Ggf. Blätter vorbereiten

Worum geht's?
Höflicher und freundlicher miteinander umzugehen ist sicher in jeder Klasse ein lohnenswertes Ziel. Oft werden dafür im Klassenverbund Ziele oder ein umfangreiches Regelwerk erarbeitet.
Diese Einheit hingegen fängt klein an, mit drei einfach zu merkenden Wörtern bzw. Fragen, über die die Schüler*innen zunächst nachdenken und sie dann großzügig verwenden sollen. Vermutlich hat die häufige Verwendung dieser Wörter schon einen relativ großen Effekt.

Skizzierter Ablauf:
- Die Lehrkraft könnte zu Beginn „**BDK**" in Großbuchstaben an die Tafel schreiben und den Hinweis geben, dass sie etwas ausprobieren möchte.
- Die Klasse bildet Gruppen und beschriftet jeweils drei leere Blätter mit: *1. Bitte! 2. Danke! 3. Kann ich helfen?*
- Die Schüler*innen schreiben alles auf die Blätter, was ihnen zu der jeweiligen Aussage einfällt.
- Wichtig wäre hier, zunächst mal *alle* Ideen zuzulassen (Brainstorming) und ggf. erst hinterher auszusortieren.
- Danach werden die beschrifteten Blätter im Klassenzimmer ausgelegt und die Schüler*innen gehen leise herum, lesen und ergänzen die ausliegenden Ideen.
- Anschließend sollten die ausgefüllten Blätter besprochen werden. Die (ursprünglichen) Gruppen können ihre Ideen (inklusive Ergänzungen von anderen) vorstellen. Alternativ bespricht die Klasse gemeinsam einige ausgewählte Blätter.
- Die Überlegungen des Infotextes (**M**) können im UG miteinbezogen oder gemeinsam gelesen und besprochen werden.
- Am Ende sollte die Abmachung stehen, „BDK" (als passende Abkürzung) die nächsten Wochen intensiv zu betreiben und vor allem darauf zu achten, welche Wirkung diese kleinen Wörter bzw. Formulierungen haben.

Weitere Hinweise:
Nach einiger Zeit sollte auf jeden Fall eine kurze Nachbesprechung erfolgen, bei der die Schüler*innen von ihren Ergebnissen erzählen.

M Infotext

Guter Stil? Höfliches Benehmen? Da gibt's eine Reihe an Dingen, die man tun kann und tun sollte. Wir fangen klein an: **BDK** – das steht für „**B**itte! **D**anke! **K**ann ich helfen?"
Man sollte diese Wörter von nun an so oft wie möglich verwenden. Wenn man sie benutzt, helfen sie einem, freundlich und höflich zu sein.
Aber was bedeuten die Wörter eigentlich? Was passiert, wenn man sie verwendet?

Aufgaben für die Klasse:

1 Bildet eine Gruppe, nehmt drei leere Blätter und schreibt jeweils in die Mitte:

Bitte!
Danke!
Kann ich helfen?

2 Schreibt alles dazu, was euch einfällt.

3 Geht danach durchs Klassenzimmer, lest die Blätter der anderen Gruppen und ergänzt diese.

Überlegungen zu „Bitte! Danke! Kann ich helfen?"

Bitte
- zeigt, dass das, was ich von dir möchte, nicht selbstverständlich ist.
- fordert dich freundlich auf, für mich etwas zu tun.
- zeigt, dass ich das, was ich von dir möchte, auch wirklich möchte.
- macht es dir leichter, etwas für mich zu tun, weil ich dich darum gebeten habe.
- zeigt, dass ich es sehr schätze, wenn du tust, was ich von dir möchte.

Danke
sage ich, wenn ich etwas von dir bekomme oder du etwas für mich machst. Dann …
- schätze ich das.
- freut mich das.
- bin ich dankbar.
- ist es nicht selbstverständlich für mich, dass du das tust.
- erkenne ich an, dass du etwas für mich getan hast.
- mache ich dir eine Freude, weil ich deine Tat lobend anerkenne.

Kann ich helfen?
- Das zeigt, dass sich die Welt nicht nur um mich dreht, sondern dass ich ein Interesse an anderen habe, dass *Du* oder *Wir* oder *Wir beide* wichtig sind.
- Ich helfe dir, wenn ich helfen kann. Das ist ein Zeichen von Respekt. Genauso freue ich mich, wenn mir geholfen wird. Vielleicht kann ich dir auch mal helfen, ohne dich zu fragen.

Was du weiβt – und was du zu wissen glaubst

Ziele:
Die Schüler*innen erarbeiten in dieser Einheit, dass das menschliche Gehirn aufgenommene Informationen interpretiert, intuitiv ergänzt und passende dazuerfindet – was sie für ihre Urteilsbildung unbedingt wissen sollten. Am Ende steht die Erkenntnis, das eigene Wissen hin und wieder zu überprüfen und zu hinterfragen.

Zeit: ca. 45 Minuten

Vorbereitung:
- Videos (Links auf **M1**) zur Verfügung stellen
- Infotext (**M2**) als Anregung für die Lehrkraft oder zum Kopieren für die Klasse

Worum geht's?
Wir Menschen übernehmen viele Fakten in unseren Wissensschatz, die wir nicht genau geprüft haben. Streng genommen glauben wir, viele Dinge genau zu wissen oder zu kennen, die einer genaueren Überprüfung nicht standhalten würden.
Im Schulalltag gibt es viele Möglichkeiten, die Auswirkungen dieser Phänomene zu beobachten:
- Deutschunterricht: Unfallbericht
  ➠ Zeugenaussagen analysieren; Was sind Suggestivfragen?
- Streitschlichtung: War der Streit oder der Anlass des Streits wirklich so (Hat dein Gegenüber wirklich das und das gesagt/getan?) oder kann es sein, dass dein Gehirn Dinge dazuerfunden hat, damit deine Position gestärkt wird?
- Wie entstehen Vorurteile? Welche Fakten sind wirklich Fakten? Gibt es so etwas wie „alternative Fakten"?
- Lernen lernen: So gut wie jeder Lernstoff wird von unserem Gehirn verändert oder kategorisiert gespeichert, damit er gut in das schon vorhandene Wissen passt. Eine Wiedergabe des Gelernten ist deswegen immer eine Interpretation. Deshalb schreiben die Schüler*innen ihr Wissen auch „in eigenen Worten" auf. Manchmal haben sie nur eine Ahnung davon, in welche Richtung das gewünschte Wissen geht. Selbstverständlich kann ein Computer viel gröβere Mengen sicher und leicht speichern. Dennoch hat die menschliche Art des Speicherns groβe Vorteile: interpretieren, deuten, kombinieren, das Wissen erweitern – Fähigkeiten, die ein Computer nicht hat …

Skizzierter Ablauf:
- In aufeinander aufbauenden Videos werden Stück für Stück solche „Defizite" des menschlichen Gehirns erläutert.
- Die Videos (Links auf **M1**) werden gemeinsam im UG angesehen und besprochen. Ggf. kann die Lehrkraft eine Vorauswahl der Videos treffen, v. a. die letzten Videos sind eher für ältere Schüler*innen geeignet.
- Alternativ dürfen die Schüler*innen am Handy (mit Kopfhörern) die Videos anschauen. Dazu stellt die Lehrkraft die Links zur Verfügung (**M1** kopieren, über Beamer o. Ä.).
- Anschlieβend kann die Klasse sich mit diesen Fragen beschäftigen:
  - *Was wissen wir eigentlich genau?*
  - *Was können wir mit Sicherheit sagen?*
  - *Welche Fakten hat unser Gehirn einfach dazuerfunden?*
- Als Abschluss fasst die Klasse die Grundgedanken der Einheit in eigenen Worten zusammen (vgl. Fragen Infotext **M2**).

M1 Was du weiβt – und was du zu wissen glaubst

Video Nr. 1: Pässe zählen

Video Nr. 2: Pässe zählen und …

Video Nr. 3: Hütchen-Spiel

Video Nr. 4: Colour Changing Card Trick

Video Nr. 5: Der Moderator

Video Nr. 6: Der Mandela-Effekt

Video Nr. 7: Falsche Erinnerungen vor Gericht (Quarks)

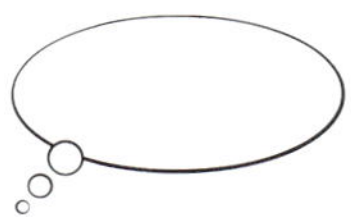

Video Nr. 8: Falsche Erinnerungen vor Gericht (W wie Wissen)

M2 Infotext

Aufgaben für die Klasse:

Frage: Kannst du dir Situationen vorstellen, in denen dein Gehirn blitzschnell das Gesehene *deuten* muss?

- Das funktioniert oft sehr gut, aber manchmal auch nicht. Die dazuerfundenen Informationen können einen auf eine falsche Fährte führen. Hier ist es gut zu wissen, wie *fehleranfällig* das Gehirn sein kann. Deswegen sollte man immer wieder darüber nachdenken, was man wirklich *weiß* und was man eventuell nur *denkt* bzw. *deutet*.
- Das menschliche Gehirn kann man gut mit einem Computer vergleichen, allerdings gibt es auch große Unterschiede. Der größte Unterscheid ist wohl der, dass ein Computer gespeicherte Informationen absolut genauso wiedergibt, wie man sie gespeichert hat. Wenn ein Mensch Dinge „abspeichert", ist das nicht so. Der Mensch baut Dinge um, sortiert und wertet sie, vergisst einiges und interpretiert es neu, erfindet etwas dazu etc.

Aufgabe: Führt zu zweit eine Unterhaltung über eine bemerkenswerte Begebenheit der letzten Zeit. Berichtet euch dabei gegenseitig sehr detailliert und achtet darauf, welche Unterschiede es bei den gemeinsamen Erinnerungen gibt. Dies wird auch davon beeinflusst, welche *Bedeutung* ihr einzelnen Erinnerungen gebt.

- Manche Erlebnisse, Unterhaltungen oder auch einen Streit spielt ein Mensch manchmal in Gedanken immer und immer wieder durch. Warum? – Weil er dabei bei jedem Durchspielen eine Kleinigkeit verändert, manchmal nur ein Wort oder eine Betonung. Irgendwann hat er das Erlebnis für sich so sortiert, wie er es selbst für richtig hält. Das ist soweit okay – allerdings tun das andere auch (z. B. der andere, mit dem man gestritten hat) und haben damit *ihre* Sichtweise auf die Dinge.

Frage: Bist du nach einem Streit schon einmal die Worte, die du und dein Gegenüber gesagt haben, immer wieder Wort für Wort durchgegangen? Und zwar so, dass du am Ende der Meinung warst, das Richtige gesagt und richtig reagiert zu haben? Erkläre, was dabei im Gehirn vor sich geht.

- Alles, was man weiß und alles, was man an Meinungen und Bewertungen abgespeichert hat, hat irgendwann einmal seinen Weg ins Gehirn gefunden. Wissenschaftler haben festgestellt, dass v. a. Meinungen oft nicht auf überprüfbaren Fakten beruhen, sondern unbewusst ihren Weg ins Gedächtnis finden. Das kann so weit gehen, dass Menschen, die Fakten erhalten, die ihren Meinungen widersprechen, eher versuchen, die Fakten zu ändern als ihre Meinung.

Aufgabe: Zählt einige Dinge auf, von denen ihr mit absoluter Sicherheit sagen könnt, dass sie genau so sind und nicht anders. Gibt es viele solcher Dinge? Bei welchen Dingen bekommt ihr Zweifel?

Verantwortungsdiffusion

Ziele:
Die Schüler*innen lernen das Phänomen der Verantwortungsdiffusion kennen und werden dafür sensibilisiert, öfter mal für sich und die Klasse Verantwortung zu übernehmen.

Zeit: ca. 20 Minuten

Vorbereitung:
- Arbeitsblatt (**M1**) in Klassenstärke kopieren
- Infotext (**M2**) als Anregung für die Lehrkraft oder zum Kopieren für die Klasse
- Zielvereinbarungen (**M3**) in Klassenstärke kopieren

Worum geht's?
Wer ist eigentlich zuständig? Wer trägt die Verantwortung dafür, dass bestimmte Dinge getan werden? Und warum mache ich das nicht einfach?
Das Phänomen der Verantwortungsdiffusion tritt immer dann auf, wenn eine bestimmte Aufgabe von einer Person oder mehreren aus einer Gruppe erledigt werden sollte. Eine Schulklasse ist so eine typische Großgruppe, bei der oft zu beobachten ist, dass die meisten darauf warten, dass irgendjemand anderes die noch anstehende Aufgabe übernimmt (Stühle hochstellen, Müll wegräumen, Tafel putzen, Arbeitsblätter verteilen usw.).
In der Praxis kann die Lehrkraft Dienste einteilen oder Aufgaben ganz gezielt an Einzelne übertragen. Schöner wäre es aber, wenn die Kinder und Jugendlichen von sich aus Verantwortung für sich und für die Klasse übernehmen. Noch besser wäre es, wenn sie eine Aufgabe selbst sehen und ohne großes Aufsehen erledigen. Manchmal hilft es schon, den Schüler*innen diese Wunschvorstellung zu vermitteln und ihnen zu zeigen, wie sie sich für die Klasse einsetzen und damit das Sozialverhalten innerhalb der Klasse beeinflussen können.

Skizzierter Ablauf:
- Die Klasse bespricht gemeinsam **M1** mithilfe der Fragen und Bilder.
- Die Lehrkraft sollte zunächst auf die Bilder eingehen und erklären, dass es Fälle wie auf den Bildern, bei denen verletzten Personen nicht geholfen wurde, schon gab.
- Die Informationen des Infotextes (**M2**) kann die Lehrkraft mündlich vermitteln oder für die Klasse kopieren. Der Begriff „Verantwortungsdiffusion" wird eingeführt und erklärt.
- Am Ende kann die Klasse selbst Zielvereinbarungen (**M3**) erstellen.

Weitere Hinweise:
- Die Lehrkraft kann der Klasse die Aufgabe stellen, in der folgenden Zeit aufmerksam zu beobachten, wann im Klassenzimmer Verantwortungsdiffusion herrscht. Im Idealfall wird es eine Art Wettbewerb geben, etwas *füreinander* zu tun.
- Es bietet sich an, nach einiger Zeit wieder auf das Thema zurückzukommen und zu besprechen, welche Situationen die Schüler*innen beobachtet haben und ob sich im Verhältnis zueinander etwas verändert hat.
- Ein interessanter Versuch wäre, Verantwortungsdiffusion bewusst herzustellen, um Beobachtungen über das soziale Gefüge in einer Klasse anzustellen.
- Ggf. könnte eine solche Szene gefilmt und dann mit der Klasse analysiert werden.

M1 Verantwortungsdiffusion

Aufgabe: Betrachtet die Bilder und besprecht die folgenden Fragen.

- Was ist zu sehen?
- Was denken oder sagen die Menschen?
- Was wird als nächstes passieren?
- Warum hilft niemand?

M2 Infotext

Beide Personen (auf den Bildern in der Mitte) – der kleine Junge im See und der verletzte Mann –, hätten bessere Chancen auf Hilfe gehabt, wenn sie nur von *einer Person* beobachtet und beachtet worden wären. Diese eine Person hätte wahrscheinlich gewusst, dass sie die einzige ist, die helfen kann und hätte es mit größerer Wahrscheinlichkeit auch getan. Sind mehrere Menschen vor Ort, denken die meisten bewusst oder unbewusst: „Wieso tut denn niemand was? Hier sind doch so viele, die helfen könnten!" Schließlich läuft derjenige, der dem kleinen Jungen geholfen hätte, Gefahr, selbst einzubrechen, nass und schmutzig zu werden, und einem blutüberströmten Menschen zu helfen ist zunächst auch keine angenehme Vorstellung.

Wissenschaftler nennen dieses Phänomen ***Verantwortungsdiffusion***. Wenn eine (meist unangenehme) Aufgabe ansteht und eine Gruppe oder mehrere aus einer Gruppe sich darum kümmern sollten, fühlt sich meist niemand zuständig.
„Darum kann sich doch ein anderer kümmern!", denken die meisten.
Und es kommt noch etwas dazu: Wenn man nicht genau weiß, was man tun soll, beobachtet man gerne, was die anderen machen und macht dann das Gleiche. Machen die anderen aber gar nichts, wird es knifflig.

Und in der Schule? Eine Schulklasse ist eine größere Gruppe, in der ganz schnell Verantwortungsdiffusion herrschen kann: Jemand soll die Papierschnipsel vom Boden aufheben? – „Ich doch nicht!" Jemand soll die Tafel wischen, die Fenster öffnen, aufstuhlen ...? – „Das kann auch jemand anderes machen!"
Das kann so weit gehen, dass selbst ein Schüler, der direkt aufgefordert wird, etwas zu tun, sich weigert. – „Was, *ich*? Das soll jemand anderes machen!"
Manchmal passiert Folgendes: Am Ende des Schultags wartet der Lehrer, bis alles aufgeräumt ist, bevor er die Schüler entlässt. Oft steht aber der größte Teil der Klasse ungeduldig vor der Zimmertür und wartet darauf, dass irgendwer sich darum kümmert. Das ist ein Moment, in dem die meisten Lehrer ganz genau hinsehen! *(Wer kümmert sich darum? Wer übernimmt hier für die anderen Verantwortung? Wer setzt sich für die Klasse ein? Wer bleibt lieber stehen und wartet, bis jemand anderes die geforderten Aufgaben erledigt?)*

Fragen an die Klasse:

1 Wieso kümmern sich meistens ein paar wenige um etwas, während die anderen einfach abwarten?

2 Was denken sich die, die einfach warten, und was die, die anpacken?

3 Was wäre das richtige Verhalten in so einer Situation?

4 Fallen euch weitere Beispiele aus der Schule ein, wo in einer Schulklasse Verantwortungsdiffusion herrscht?

5 Was wäre, wenn ein Lehrer ab und zu bewusst Verantwortungsdiffusion erzeugen würde, nur um zu sehen, wer von seinen Schülern Verantwortung übernimmt?

M3 Zielvereinbarungen

Mach du den Unterschied! Sei derjenige, der sich kümmert. Überlege dir genau, ob in einer Situation vielleicht Verantwortungsdiffusion herrscht und du derjenige sein kannst, der das Heft in die Hand nimmt.

➠ **Ab heute machen *wir* das anders? – Ab heute mache *ich* das anders!**

Ein Schüler hat das folgende Statement geschrieben:

Müll aufheben? – Ich doch nicht! Oder gerade ich?
Wenn irgendwo Müll herumliegt, heb ihn auf und schmeiß ihn weg! Einfach so. Kostet nichts, bringt aber viel! Denn das ist viel einfacher, als sich auf die nervige Suche nach dem Schuldigen zu machen („Das ist aber nicht von mir!“). Du nimmst den Ort, den du gerade vom Müll befreit hast, wichtig, und hast etwas dazu beigetragen, die Welt für dich und für alle anderen ein bisschen schöner zu machen. Du hast etwas Richtiges und Gutes gemacht und bist vielleicht ein gutes Vorbild für andere – ein gutes Gefühl!

Aufgabe: Überlege dir weitere Situationen, in denen es schön wäre, wenn keine Verantwortungsdiffusion herrschen würde und sich einfach jemand um eine Sache kümmern würde. Erstelle eigene Statements nach dem Beispiel oben!

________________________ ? – Ich doch nicht! Oder gerade ich?

________________________ ? – Ich doch nicht! Oder gerade ich?

________________________ ? – Ich doch nicht! Oder gerade ich?

________________________ ? – Ich doch nicht! Oder gerade ich?

Reframing – was eine Sache bedeutet, bestimmst du

Ziele:
Die Schüler*innen lernen Techniken des Reframings kennen, mit deren Hilfe sie negativen Dingen eine neue Bedeutung geben und etwas Gutes daraus ziehen können.

Zeit: ca. 45 Minuten

Vorbereitung:
- Test (**M1**) in Klassenstärke kopieren
- Infotext (**M2**) als Anregung für die Lehrkraft oder zum Kopieren für die Klasse

Worum geht's?
Hier geht es um Techniken für das sogenannte Reframing. Vermeintlich negative Dinge werden dabei umgedeutet und das Positive daran gesucht.
Der Satz „Jeder entscheidet selbst, was eine Sache bedeutet!" steht im Mittelpunkt dieser Einheit. Dieser Satz hat, wenn man ihn richtig verstanden hat, eine unglaubliche Kraft. Menschen neigen dazu, fast alles und jeden zu bewerten und zu beurteilen. Über Vieles freuen sie sich, anderes verdirbt ihnen die Laune oder macht sie regelrecht depressiv. Jedem Menschen ist es aber freigestellt, ob er eine Sache so oder anders beurteilt und empfindet. Beim Reframing geht es darum, Dinge, die man negativ bewertet, neu und in einem positiveren Licht zu sehen. Es gibt eine Reihe von Techniken, die helfen, einem Erlebnis eine neue Bedeutung, einen neuen „Rahmen" (engl. „frame") zu geben. Dabei geht es nicht um ein Schönreden von schlechten Dingen, sondern darum, zu erkennen, dass man Dinge oft auch differenziert und aus verschiedenen Blickwinkeln betrachten kann.
Diese Einheit soll den Kindern und Jugendlichen vermitteln, dass dies möglich ist.

Skizzierter Ablauf:
- Die Klasse bearbeitet in PA den Test (**M1**).
- Evtl. kann ein UG eingeschoben werden, um zu sehen, ob es bei den einzelnen Fragen in der Klasse große Unterschiede gibt.
- Die Lehrkraft kann den Infotext (**M2**) entweder austeilen und lesen lassen oder die Inhalte mündlich, über Beamer o. Ä. vermitteln.
- Auf jeden Fall sollte die Lehrkraft die vorgestellten Techniken des Reframings (**M2 unten**) mit der Klasse gemeinsam besprechen. Die Jugendlichen könnten Merkhilfen, Bilder oder Begriffe für die Techniken finden und diese im Klassenzimmer aufhängen.
- Die Schüler*innen diskutieren in PA erneut über die Erlebnisse des Tests.
- Sie finden nun mithilfe der Reframing-Techniken eine neue Deutung und eine positive Sichtweise auf die Erlebnisse.
- Zum Abschluss stellen die Schüler*innen die „reframten" Erlebnisse vor.
- Die Lehrkraft könnte Zitate heranziehen, die gedeutet werden.
  Beispiele: *„Nicht die Dinge an sich sind es, die uns beunruhigen, sondern vielmehr ist es unsere Interpretation der Bedeutung dieser Ereignisse, die unsere Reaktion bestimmt."* (Marc Aurel)
  „Es gibt nichts, das an sich gut oder schlecht wäre, nur das Denken macht es so." (William Shakespeare)

Weitere Hinweise:
Wer das Thema Reframing vertiefen möchte, findet im Internet eine Vielzahl von Beispielen, wie Situationen umgedeutet werden können. Für den Unterricht bietet sich v. a. die Geschichte „Der Bauer und sein Pferd"/„Der chinesische Bauer" an.

M1 Test

Aufgabe: Besprecht die folgenden „Erlebnisse“ in Partnerarbeit. Wie schätzt ihr sie ein? Vergebt Punkte (1 Punkt = ganz schlecht; 10 Punkte = sehr gut) und schreibt sie in die Kästchen!

☐ *Du hast die Hausaufgabe (Strafarbeit) wirklich gewissenhaft gemacht. Nur hast du sie zu Hause liegen gelassen – der Lehrer glaubt dir das nicht.*

☐ *Du hast in einer Klassenarbeit eine viel schlechtere Note als erwartet bekommen.*

☐ *Du kommst früh morgens zur Schule. Leider hast du gestern den Vertretungsplan nicht aufmerksam gelesen, denn die ersten drei Stunden fallen aus. Du hättest also locker noch zu Hause bleiben und ausschlafen können.*

☐ *Eine Freundin hat bei dir die Hausaufgaben abgeschrieben. Im Unterricht meldet sie sich, liest ihre bzw. deine Hausaufgabe vor und kassiert ein großes Lob vom Lehrer.*

☐ *Bei der Besprechung der Hausaufgaben stellst du fest, dass du das neue Thema überhaupt nicht verstanden hast.*

☐ *Dein Lieblingsfach Englisch fällt heute aus und als Vertretung kommt der Deutschlehrer, den du nicht so recht leiden kannst. Er macht natürlich Deutschunterricht.*

☐ *In der großen Pause bist du mit deinem großen Schwarm verabredet. Er bzw. sie gibt dir in aller Klarheit zu verstehen, dass er bzw. sie nichts mehr von dir will.*

☐ *Du bist von irgendetwas abgelenkt, als du die Treppe im Schulhaus hinunterlaufen willst. Du stolperst und fällst die Treppe hinunter, dabei brichst du dir den Knöchel.*

☐ *Du hast deinen Geldbeutel verloren. Weil du 100 Euro dabeihattest, bist du ganz schön sauer und suchst ihn verzweifelt. Schließlich findest du ihn am Wegrand und schaust sofort nach, ob das Geld noch drin ist. Seltsamerweise sind noch 50 Euro im Geldbeutel.*

☐ *Nach der Schule gehst du zur Bank, um dein Taschengeld abzuholen. Als du in der Schlange stehst, kommt ein Bankräuber in die Filiale und zückt einen Revolver. Der Kassierer löst aber den Alarm aus, der Räuber bekommt Panik und schießt wild um sich. Dabei trifft er dich ins Bein.*

Zählt die Punkte zusammen und tragt sie in das richtige Kästchen ein!

☐ **10–35 Punkte** ☐ **35–75 Punkte** ☐ **75–100 Punkte**

Ähnliche Fragen hat man Menschen gestellt, um etwas ganz Bestimmtes herauszufinden. Schreibt auf, was man damit wohl herausbekommen wollte.

____

____.

M2 Infotext

Man kann sich zwar nicht aussuchen, ob man bestimmte Dinge erleben will oder nicht, aber man kann sich aussuchen, was man von den Erlebnissen hält!

„Mein Glas ist noch halb voll" oder „Mein Glas ist schon halb leer"?
Ein zur Hälfte gefülltes Glas ist zur Hälfte gefüllt. Ist das jetzt gut oder schlecht? – Es kommt ganz darauf an, wie man das sieht! Ist es gut oder schlecht, die Treppe hinunterzustürzen und sich das Bein zu brechen? – Weder noch! Sich nichts zu brechen ist besser, aber bei dem Sturz hätte man sich auch den Hals brechen können. Ist es gut oder schlecht, wenn man den Unterrichtsstoff nicht beherrscht? – Es wäre besser, wenn man ihn könnte, aber jetzt hat man noch die Chance das zu ändern.

!

Spruch: Wenn das Leben einem Zitronen bietet, dann macht man Limonade daraus! Das geht, allerdings kommt es immer auf die richtige Einstellung zu einer Sache an. – Auf die *eigene* Einstellung.

➠ **Jeder entscheidet selbst, was eine Sache bedeutet!**

Aber was ist, wenn man sein Glas eben leider oft als halb leer und nicht als halb voll betrachtet? Die gute Nachricht ist: Man kann es trainieren, die Dinge eher positiv zu sehen. Das nennt der Fachmann ***Reframing*** („frame" bedeutet Rahmen). Man kann also dem, was passiert ist, einen neuen Rahmen, eine andere Bedeutung geben. Die eigene Sicht auf die Dinge wird dabei umgedeutet.

Techniken des Reframings:

1. **Abwärts- und Aufwärtsvergleich**:
   Abwärtsvergleich: Jemand ist dicker, die andere Situation ist mieser, das letzte Ergebnis war schlechter … (mit Schlechterem vergleichen).
   Aufwärtsvergleich: Der andere hat es besser, früher war alles besser, das konnten wir schon mal besser … (mit Besserem vergleichen).
   ➠ Beim Reframing geht es darum, einen Abwärtsvergleich durchzuführen und sich zu fragen: Was wäre schlimmer? Wie hätte es schlechter laufen können? Ich hatte Glück im Unglück, weil …

2. **Es ist *noch* nicht gut:**
   Hier geht es allein um das Wort „noch". „Du kannst etwas nicht?", „Du hast etwas nicht?", „Du hast dein Ziel nicht erreicht?" – Dann fügt man in diese „Glaubenssätze" (weil man selbst *glaubt*, dass es so ist) das Wort „noch" ein. Die eigene Sicht der Dinge wird sich ändern: „Ich kann das *noch* nicht!", „Ich habe das *noch* nicht!", „Mein Ziel ist *noch* nicht erreicht!"

3. **Wofür könnte das gut sein?**
   Es gibt kaum etwas Schönes, das nicht auch seine Schattenseiten hat. Und es gibt beinahe nichts Schlechtes, das nicht auch irgendwo sein Gutes hat. Oft kann sich ein Nachteil im Nachhinein als Vorteil erweisen. Man fragt sich also bei einer miesen Sache: „Wofür könnte das gut sein?"

4. **Ich gönne es dir und wünsche dir Freude!**
   Man wünscht anderen Glück und Freude. Man spricht es aus: „Hab viel Spaß!" – Das macht einen letztlich selbst glücklich. Der kleine Bruder hat den Süßigkeitenvorrat geplündert? – Dann freut man sich für ihn, dass er ein paar „süße" Minuten hatte.

Challenges

Ziele:
Für ein paar Tage behalten die Schüler*innen bestimmte Handlungsmuster bei und trainieren so auf spielerische Weise und mittels eines Wettkampfgedankens eine ungünstige Angewohnheit ab oder eine gewünschte an.

Zeit: ca. 15 Minuten

Vorbereitung:
- Arbeitsblatt (**M1**) in Klassenstärke kopieren
- Ggf. Zettel/Plakat vorbereiten
- Ggf. passende Challenge aus Auswahlliste (**M2**) raussuchen und nur diese vorstellen

Worum geht's?
Diese Einheit kann man einsetzen, um ein günstiges Verhaltensmuster in einer Klasse anzutrainieren bzw. ein ungünstiges abzulegen. Die Lehrkraft wählt die gewünschten Handlungsmuster, die sie der Klasse zur Auswahl stellen möchte, sorgfältig aus (z. B. auf **M2**). Die Schüler*innen bekommen dennoch das Gefühl, sich ihre Challenge selbst ausgesucht zu haben. Unter Umständen haben sie auch selbst den Wunsch nach einer Veränderung.
Möglichweise kann die Lehrkraft zu Beginn eine beliebige Challenge wählen, um dieses Vorgehen einzuführen und auszuprobieren, und dann in der Folge eine gezieltere Challenge wählen.
Bei den Challenges geht es einerseits um das Antrainieren eines bestimmten, gewünschten Handlungsmusters, andererseits um das Abtrainieren einer ungünstigen Angewohnheit. Auch geht es darum, eine bestimmte Sache über eine längere Zeit konsequent durchzuhalten.
Nach Ablauf der Challenge (deren Dauer im Vorfeld genau festgelegt wird) sollte unbedingt ein Gespräch über die Challenge folgen (siehe Ablauf).

Die Schwierigkeit der hier vorgeschlagenen Challenges (auf **M2**) besteht nicht darin, dass sie besonders anspruchsvoll oder schwierig sind, sondern die Herausforderung liegt im Durchhalten. So kann – auch mittels Gruppendruck aus der Klasse – die Willensstärke trainiert werden.

Skizzierter Ablauf:
- Die Klasse bespricht gemeinsam die Challenge-Idee mithilfe des Arbeitsblattes (**M1**).
- Die Klasse sucht eine Challenge aus (ggf. auf **M2**) und notiert die Eckdaten auf einem Zettel oder Plakat (z. B. so wie auf **M1 unten**), das im Klassenzimmer aufgehängt werden kann.
- Nach Ablauf der Challenge sollte die Klasse unbedingt ein Gespräch über Sinn und Zweck der gewählten Challenge führen und evtl. eine Fortführung oder eine neue Challenge suchen. Mögliche Fragen:
  - *Wie erging es euch?*
  - *War die Challenge sinnvoll?*
  - *Hat sie etwas geändert?*
  - *Hat sie genervt oder manchmal auch Freude bereitet?*
  - *Wie soll es weitergehen?*

M1 Challenge planen

Du kennst den Begriff ***Challenge*** (dt. Herausforderung) wahrscheinlich aus dem Internet. Viele posten Videos oder Fotos, wie sie Challenges meistern. Dabei machen sie etwas Unangenehmes, etwas Peinliches, etwas Lustiges, manchmal auch etwas Mutiges oder gar Gefährliches.

Frage: Welche Challenges kennt ihr? Berichtet in der Klasse.

____

In dieser Einheit geht es um Challenges, die *nicht schwierig* oder gefährlich sind. Die einzige Schwierigkeit besteht darin, die Herausforderungen *durchzuhalten*.

➠ Das sind die Regeln:

1. Findet eine geeignete Challenge, die ihr in der Klasse austragen wollt. Sie sollte allerdings einem sinnvollen Zweck dienen, d. h. das Durchziehen der Challenge sollte für etwas gut sein, das alle gut finden und wollen.
2. Schreibt die Vereinbarungen zur Challenge auf einen Zettel oder ein Plakat und hängt sie im Klassenzimmer auf.
3. Nach der Challenge solltet ihr unbedingt über eure Erfahrungen sprechen: Wie hat es funktioniert? Was hat es bewirkt? Wie schwierig war das Durchhalten? Warum?
4. Fordert euch selbst heraus.

! Fordert euch heraus, um euch zu zeigen, dass es geht und ihr euch gegenseitig unterstützen könnt. Was man sich gemeinsam mit anderen vornimmt, funktioniert vielleicht besser! Kleine, aber immer wiederkehrende Handlungsmuster verändern vielleicht etwas, allerdings nur, wenn man sie so schnell nicht wieder aufgibt oder gar vergisst. Versucht es und trainiert damit eure *Willensstärke*, nicht mit einer großen, kompletten Veränderung, sondern mit kleinen, aber konsequenten Schritten!

Unsere Challenge: ____

Das ziehen wir durch, weil …

____

____.

Die Challenge soll ________ Tage laufen, von ____.____.20____ bis ____.____.20____.

Am ____.____.20____ sprechen wir über unsere Challenge.

Wir vereinbaren, dass es okay ist, wenn einzelne Personen ____ Tage aussetzen.

Unterschriften:

M2 Mögliche Challenges

1	In jeder Unterrichtsstunde mindestens einen **Wortbeitrag** leisten.
2	Einmal am Tag **etwas Nettes** zu einem Mitschüler/Lehrer/Familienmitglied sagen.
3	Mindestens einmal am Tag jemanden **loben** oder jemandem **danken**.
4	Nur einmal am Tag die **sozialen Medien** checken.
5	Nur 10 (20, 30, gar nicht) Minuten täglich das **Handy** benutzen.
6	**Keine Schimpfwörter** oder Beleidigungen verwenden. (Evtl. im Voraus festlegen, welche Begriffe dazugehören oder eine kleine Liste an Wörtern anlegen, die vermieden werden sollen.)
7	In jeder Unterrichtsstunde für 5 Minuten **aufrecht** auf dem Stuhl **sitzen**.
8	Täglich einen nervigen Gedanken in einen **positiven** verwandeln. (Dinge optimistisch sehen, die auf den ersten Blick vielleicht blöd sind.)
9	Jeden Tag Zimmer und Schreibtisch **aufräumen**. Die Challenge ist, dass dieser Zustand so bleibt, also dass nach dem Arbeiten das Material wieder weggeräumt und der Schreibtisch **ordentlich** verlassen wird.
10	Jeden Tag eine **gute Tat** vollbringen.
11	Einige Tage **ohne Süßigkeiten** (bei Älteren evtl. etwas anderes) durchhalten.
12	Während der Challenge mindestens **8 Stunden schlafen**.
13	Jeden Tag für einige Minuten etwas machen, das einen **selbst glücklich macht** (z. B. laut Musik hören, tanzen, Sport etc.) und am nächsten Tag davon berichten.
14	Jeden Tag eine Kleinigkeit unternehmen, die dem **Umweltschutz** dient.
15	Jeden Tag für 5 Minuten **lächeln**, gerne auch jemanden anlächeln oder jemandem aufmunternd zulächeln.
16	Jeden Tag eine Sache auf einen Zettel schreiben, die man **an sich besonders gut findet** oder die man besonders gut kann.
17	Jeden Tag die **Hausaufgaben und Arbeitsmaterialien** vollzählig dabeihaben.
18	Jeden Tag für 5 Minuten **Vokabeln lernen**, auch wenn kein Test oder keine Klassenarbeit ansteht. (Evtl. auch fünf eigene Vokabeln, die nicht auf dem Lehrplan stehen und selbstständig ausgewählt werden, z. B. aus einem Songtext.)
19	Jeden Tag einen jüngeren Schüler nach seinem momentanen **Lernstoff** fragen und überlegen, ob man den auch beherrschen würde.

Werde die beste Version von ... dir selbst

Ziele:
Die Schüler*innen bekommen eine Idee davon vermittelt, dass jeder Mensch an sich arbeiten kann, um eine bessere Version seiner selbst zu werden.

Zeit: ca. 25 Minuten

Vorbereitung:
- Arbeitsblatt (**M1**) in doppelter Klassenstärke kopieren
- Infotext (**M2**) als Anregung für die Lehrkraft oder zum Kopieren für die Klasse

Worum geht's?
Nicht selten beobachten Kinder und Jugendliche ihr eigenes Verhalten überhaupt nicht. Der Ansatz dieser Einheit ist, dass sie immer wieder dazu angeregt werden, ihr eigenes Verhalten zu überdenken und evtl. zu verbessern. Hierbei geht es nicht um tiefgreifende Verhaltensänderungen. Vielmehr soll hin und wieder eine wünschenswerte Geste gemacht, ein Lob oder eine Anerkennung ausgesprochen oder einfach eine helfende Hand gereicht werden – kleine Schritte, die aber einen Unterschied machen.
Ausgehend von der Vorstellung der Rollentheorie erkennen die Schüler*innen, dass sie je nach Gegenüber, Tagesform oder Anspruch an sich selbst eine andere Rolle spielen, sich also unterschiedlich verhalten.
Gemeinsam stellt die Klasse Überlegungen an, wie man diese Rollen verbessern könnte. Ein wünschenswertes Ziel wäre, dass jede*r Schüler*in sich hin und wieder Gedanken über die eigene Wirkung auf andere macht und gegebenenfalls überlegt, wie er*sie den Eindruck, den er*sie hinterlässt, optimieren könnte.

Skizzierter Ablauf:
- Die Schüler*innen füllen in EA das Arbeitsblatt (**M1**) ein erstes Mal aus. Ggf. kann eine gemeinsame Besprechung folgen.
- Die Lehrkraft stellt den Schüler*innen parallel die Aufgaben auf **M2** über Beamer o. Ä. vor.
- Dann füllen sie u. a. das Arbeitsblatt (Aufgabe 2 auf **M2**) ein zweites Mal aus. Ggf. wird dies dann wieder besprochen und vorgestellt.
- Zu zweit können sie zu den Aufgaben 3 und 4 Überlegungen anstellen.
- Mit einem Rollenspiel (Aufgabe 5) versuchen die Schüler*innen, ihr verbessertes Verhalten vorzuführen und „einzuüben".
- Beim Anschlussgespräch wäre es wichtig, zur Sprache zu bringen, dass eben oft kleine Dinge den Unterschied machen (siehe auch Tipps auf **M2**). Die Klasse könnte gemeinsam Beispiele sammeln, wie so etwas aussehen könnte.

Weitere Hinweise:
Evtl. können alle gemeinsam ein Signal vereinbaren, zu dem sie immer wieder darüber nachdenken sollten, wie sie ihr Verhalten verbessern könnten. Möglicherweise kann die Lehrkraft dann (dezent) dieses Signal senden, wenn ein*e Schüler*in sich gerade eher von seiner*ihrer schlechten Seite zeigt.

M1 Rollen

Du bist ein einzigartiger Mensch, hast viele gute Eigenschaften und deinen eigenen Charakter. Aber vielleicht ist dir schon aufgefallen, dass dein Verhalten nicht immer gleich ist. Du verhältst dich unterschiedlich, je nachdem, mit welchen Menschen du gerade zu tun hast. Du bist Freund, Kind, Bruder oder Schwester, Schüler, Vereinskamerad, Unbekannter etc. (in der Psychologie „Rollentheorie“ genannt).

Aufgabe: Beschreibe dein Verhalten in verschiedenen Rollen (stichpunktartig).

Rolle „______________________“

Rolle „Vereinskamerad“

Rolle „Schüler“

Rolle „Bruder/Schwester“

Rolle „bester Freund“

Rolle „Kind deiner Eltern“

Rolle „gegenüber einem Unbekannten“

M2 Infotext

Aufgaben für die Klasse:

1 Fülle die Kästchen auf dem Arbeitsblatt. Bedenke, dass du dich sicher anders verhältst, wenn du beispielweise mit deinem Lehrer oder deinen Freunden sprichst.

Wenn es ein neues Handymodell gibt, das besser als das alte ist, wollen wir es haben. Wenn es ein Software-Update gibt, führen wir es sofort durch. Schließlich wird die neue Version besser als die alte sein. ➠ Was wäre, wenn es für dich und dein Verhalten auch ein Update gäbe? Was könnte vielleicht verbessert werden?

2 Fülle das Arbeitsblatt ein zweites Mal aus: Was würde ***die beste Version*** von dir als Freund, Kind, Bruder oder Schwester, Schüler, Vereinskamerad etc. tun?

3 Tausche dich mit einem Partner aus: Wie sähe die jeweils beste Version von dir aus?

4 Jeder Star hat ein sogenanntes Image: das Bild, das sich die Öffentlichkeit von dieser Person macht. Privatmenschen haben auch ein Image (du kennst bestimmt Lehrer, die ein bestimmtes Image haben). Wie sieht dein bestmögliches Image aus?

5 Jetzt schlüpft in die Rollen: Was würde ein *„verbesserter“* Freund, Kind, Bruder / Schwester etc. in einer bestimmten Situation machen? Bereitet ein Rollenspiel vor! Vielleicht könnt ihr auch eine Szene „Vorher – Nachher“ spielen.

Tipp 1:
Denke immer wieder an die Rollentheorie und frage dich: Was wäre in der momentanen Situation das beste Verhalten? Was würde deine momentane Rolle gerade tun, um die beste Version der momentanen Rolle, die beste Version von dir selbst zu sein?

Tipp 2:
Du musst und kannst nicht plötzlich ein vollständig perfekter Mensch werden, der alles richtig macht. Meistens macht aber schon eine *Kleinigkeit* den Unterschied: ein nettes Wort, ein Lob, ein Kompliment, ein netter Gruß, ein Angebot zu helfen etc.

Tipp 3:
Wenn du mal mit dir und deiner Version so gar nicht zufrieden bist, ist das auch okay. Geh liebevoll mit dir selbst um – keiner ist perfekt!

Sich selbst gut darstellen

Ziele:
Die Schüler*innen werden angeregt, darüber nachzudenken, welchen Eindruck sie auf ihre Lehrkräfte vermitteln und dass es von Vorteil sein kann, wenn dieser positiv ist.

Zeit: ca. 20 Minuten

Vorbereitung:
- Kärtchen (**M**) mehrfach kopieren und zuschneiden (je nach Arbeitsform)
- Ggf. Zettel/Plakate vorbereiten

Worum geht's?
Vielen Schüler*innen ist vielleicht gar nicht klar, dass sie ständig unter Beobachtung ihrer Lehrkräfte stehen. Umgekehrt haben die Lehrkräfte von ihren Schüler*innen ein gewisses Bild, eine „Schublade", in die sie diese stecken. Für Lehrkräfte ist es deswegen eine ständige Herausforderung, im Umgang mit den Schüler*innen diese Einschätzung möglichst außen vor zu lassen. Eigene Wertungen, Beurteilungen und Notengebungen sollten davon möglichst wenig beeinflusst werden. Für Schüler*innen bleibt die Aufgabe, an ihrem Eindruck auf andere zu arbeiten – oder sich zumindest dessen bewusst zu sein, *dass* sie bei anderen einen Eindruck hinterlassen. Auf den Kärtchen (**M**) sind zu diesem Zweck typische Situationen geschildert und Fragen gestellt, die die Schüler*innen in diese Richtung nachdenken lassen. Möglicherweise nehmen einige beim Bearbeiten der Fragen eine Art Trotzreaktion ein und machen keinen Hehl daraus, dass sie es als „streberhaft" bewerten, sich selbst in einem positiven Licht darzustellen. Dann ist bei einer Diskussion pädagogisches Geschick gefordert, um der Klasse zu vermitteln, dass es nicht um ein Verbiegen seiner selbst geht oder darum, der Liebling der Lehrer*innen zu sein, sondern darum, die eigenen Stärken zur Geltung zu bringen. Ein Einlenken ist dann vonseiten derjenigen nicht zu erwarten, ein Nachdenken aber schon.

Skizzierter Ablauf:
- Die Kärtchen (**M**) können auf vielfältige Weise eingesetzt werden, z. B. als Stapel für PA, GA oder SA.
- Neben den Kärtchen kann die Lehrkraft Zettel/Plakate platzieren, auf denen die Schüler*innen ihre Ideen und Kommentare notieren.
- Wie immer sollte im Anschluss an die Arbeitsphase ein Austausch stattfinden. Entweder als Klassendiskussion oder zugelost stellen die Kinder und Jugendlichen ihre Ergebnisse zu den Kärtchen vor.
- Ggf. kann die Lehrkraft vorab einzelne Kärtchen aussortieren, um gezielter auf bestimmte Situationen bzw. Fragen einzugehen.

M Kärtchen

Du hast eine Aufgabe besonders gut gemacht und dich dafür sehr angestrengt – aber dein Lehrer hat das nicht bemerkt.

- Solltest du ihn auf deine Arbeit aufmerksam machen?
- Wie könnest du das anstellen?
- Was könnte dich davon abbringen, auf deine Arbeit hinzuweisen?

Du begreifst das momentane Unterrichtsthema sehr gut, stellst aber fest, dass viele deiner Klassenkameraden damit Probleme haben.

- Wie verhältst du dich ihnen gegenüber?
- Bietest du (ungefragt) Hilfe an?
- Würdest du jedem helfen?

Der Lehrer erteilt euch einen Arbeitsauftrag. Ein Schüler fragt: „Gibt das eine Note?"
➡ Der Lehrer hat <u>nicht</u> vor, das Ergebnis <u>direkt</u> zu benoten.

- Dein Lehrer schätzt diese Frage wahrscheinlich nicht besonders. Warum?
- Was möchte der fragende Schüler eigentlich wissen?
- Wie wirkt die Frage auf dich? Welchen Eindruck kann sie vermitteln?

Du stellst fest, dass du beinahe der einzige bist, der sich ständig meldet und etwas sagt. Dein Lehrer nimmt dich auch ständig dran.

- Wäre dir das eher unangenehm oder egal?
- Müsste man (oder du) daran etwas ändern und wie könnte das aussehen?
- Was würde passieren, wenn du deine Mitschüler auffordern würdest, sich ebenfalls zu melden?

In der Regel benotet dein Lehrer nicht nur deine schriftlichen Noten, sondern auch deine mündliche Mitarbeit. Das zählt zur Jahresendnote dazu.

- Wie geht der Lehrer beim Finden deiner mündlichen Noten vor?
- Ist eine 3 bei der mündlichen Mitarbeit gut oder schlecht?
- Wenn du deine mündliche Note ungerecht fändest, würdest du dich beklagen? Mit welchem Argument?

Oft hört man den Spruch: „Der erste Eindruck zählt."

- Stimmt das?
- Von welchen Dingen hängt ein erster Eindruck eigentlich ab?
- Kann man einen schlechten ersten Eindruck wettmachen? Wie?
- Hattest du schon erste Eindrücke, die nicht gepasst haben, nachdem du den Menschen kennengelernst hast?

Du hast eine Klassenarbeit zurückbekommen und dabei eine sehr schlechte Note erhalten.

- Macht es einen Unterschied, ob du einer von wenigen mit einer schlechten Note bist oder ob viele Mitschüler auch eine schlechte Note haben?
- Ändert der Durchschnitt etwas an der eigenen Note?
- Menschen vergleichen sich gerne. Warum?

Stelle dir vor, dein Lehrer würde seine Schüler in Schubladen stecken. Das reicht von „faul“ und „unwillig“ bis „fleißig“ und „engagiert“.

- Wäre es in Ordnung, daran zu arbeiten, dass du bei deinem Lehrer in eine „gute“ Schublade gesteckt wirst?
- Hat ein Schüler Vorteile davon, wenn sein Lehrer einen guten Eindruck von ihm hat?
- Wie wirken Mitschüler auf dich, die versuchen, bei einem Lehrer möglichst gut dazustehen?

Schrift, Heftführung und Umgang mit Materialien (z. B. Vollständigkeit)

- Sagen diese Dinge etwas über das Engagement eines Schülers aus?
- Ist es unfair, dass die einen ein schönes Heft führen und die anderen nicht?
- Wie groß ist der Aufwand, seine Arbeitsmaterialien in Ordnung zu halten?
- Plastiktüte statt Schultasche – wäre das möglich?

Mimik, Gestik, Tonfall, Körperhaltung – all das vermittelt einen (nonverbalen) Eindruck über die momentane Stimmung und Arbeitshaltung eines Menschen.

- Wie sieht Desinteresse aus?
- Wie sieht Interesse aus?
- Stellt ein Schüler sich schlafend, vermittelt er seinem Lehrer welche Botschaft?

Handy „macht doof“

Ziele:
Die Schüler*innen beobachten und überdenken die eigene Handynutzung.

Zeit: ca. 30 Minuten

Vorbereitung:
Argumentationskarten (**M**) als Stapel auslegen

Worum geht's?
In den weiterführenden Schulen besitzt mittlerweile beinahe jede*r Schüler*in ein Smartphone. Es ist sicher unstrittig, dass sich v. a. eine übermäßige Nutzung des Handys negativ auf viele Belange der Schule, aber auch auf das Privatleben der Jugendlichen auswirkt. Die Auseinandersetzung mit den (recht provokativen) Argumentationskarten soll die Klasse zum Nachdenken und Argumentieren herausfordern und kann dazu anregen, das eigene Nutzerverhalten zumindest mal zu beobachten.

Skizzierter Ablauf:
- Die Schüler*innen bereiten sich auf eine TV- oder Podiumsdiskussion zum Thema „Handy – eine Gefahr für unsere Jugend?“ vor. Als Hilfestellung dienen die Argumentationskarten (**M**). Diese kann die Lehrkraft beispielsweise im Klassenzimmer auf Stapeln auslegen. Die Jugendlichen suchen sich ihre Favoriten selbst oder je eine Karte wird einer Gruppe zugelost.
- Die Schüler*innen müssen entscheiden, ob sie in der folgenden Diskussion die Argumente auf ihrer Karte (mit weiteren eigenen Beispielen, die sie sich im Vorfeld stichwortartig notieren) vertreten oder (ebenfalls vorbereitet) ihnen widersprechen wollen.
- Die Diskussion wird durchgeführt und im Anschluss besprochen (ggf. mit Videoanalyse, dann mehr Zeit notwendig).
- Folgende Fragen (die ggf. auch der*die Moderator*in der Diskussionsrunde bekommt) könnten das Thema vertiefen:
  - *Welche Thesen sprechen dafür, dass Kinder ein Handy uneingeschränkt benutzen dürfen?*
  - *Warum haben die meisten Lehrkräfte oder Eltern ein Problem mit der Handynutzung?*
  - *Wie würdest du als Vater/Mutter mit dem Handykonsum deines Kindes umgehen?*
  - *Kann man ein Handy sinnvoll für die Schule einsetzen?*
  - *Wer hat ein Interesse daran, dass möglichst jede*r Schüler*in schon ein Handy besitzt?*
  - *Was wäre, wenn man ab morgen Handys erst ab 18 Jahren benutzen dürfte?*
  - *Kaum jemand würde das Handy weggeben, selbst wenn er den Thesen zustimmen würde. Warum?*
  - *Wer ist der Meinung, dass er*sie eigentlich zu viel Zeit am Handy verbringt?*

Weitere Hinweise:
- Um das Thema zu vertiefen, könnte die Lehrkraft die Schüler*innen ihr Nutzungsverhalten protokollieren lassen (z. B. „Wie viele Stunden am Tag bist du in einem anderen Zimmer als dein Handy?“).
- Die Argumentationskarten eignen sich u. U. für Elternabende, wobei nicht zu erwarten ist, dass *alle* Eltern den Thesen zustimmen.

M Argumentationskarten

Argumentationskarte 1: Gefährliche Versuchung

Das Handy bietet sehr viele Lern-Möglichkeiten:
Es gibt fantastische Lern-Apps, du kannst im Internet recherchieren und für fast alle Themen gibt es gute Videos. Aber wer lernt schon mit seinem Handy, wenn darauf auch Spiele, Chats und soziale Medien sofort verfügbar sind und sich in den Vordergrund drängen?
Also: Lernen mit dem Handy könnte eine super Sache sein. Aber dann müsstest du sämtliche Ablenkungen (Spiele, soziale Medien, Apps), die nichts mit dem Lernen zu tun haben, deinstallieren.
Denn: Niemand kann solchen Versuchungen ständig widerstehen, wenn sie immer direkt vor der Nase liegen.

Argumentationskarte 2: Gefährliche Gewohnheiten

Du denkst, dass du dein Handy bedienst? Falsch – dein Handy steuert dich!
Denn wenn dein Handy in greifbarer Nähe liegt, ist jede Ablenkung willkommen.

- Wer lässt ein surrendes und klingelndes Handy liegen, um erst später, bei besserer Gelegenheit darauf zu schauen?
- Bist du sicher, dass du dich gerade ganz bewusst entschieden hast, dein Handy in die Hand zu nehmen?
- Wann hast du dich das letzte Mal in einem Zimmer befunden und dein Handy war in einem anderen Zimmer?
- Ist es nicht längst zur Gewohnheit geworden, dass du dein Handy ständig in die Hand nimmst?
- Wäre es für dich möglich, einen Tag (eine Woche, einen Monat etc.) ohne Handy auszukommen?

Argumentationskarte 3: Gefährliche, vermeintliche Erholung

Wenn jemand müde ist, den ganzen Tag gearbeitet oder gelernt hat und der Schädel brummt, dann kann derjenige eigentlich nur noch zwei Dinge tun: schlafen oder fernsehen bzw. Videos schauen.
Warum ist das so? ➠ Das Gehirn muss beim Fernsehen bzw. Videos schauen so gut wie nichts arbeiten. Alles, was das Gehirn tun muss, z. B. beim Lesen, wird ihm beim Fernsehen bzw. Videos schauen abgenommen.
Daraus folgt, dass man mit Videos ein (ausgeruhtes) Gehirn permanent unterfordert. Da das Gehirn aber vom Benutzen „besser“ wird, wird es von den vielen Videos, die es andauernd nur auf Sparflamme arbeiten lassen, „schlechter“. ➠ Ein frisches Gehirn ist unterfordert, ein müdes kann sich mit dem Handy nicht erholen.

Argumentationskarte 4: Gefährliche Denkfaulheit

Das Handy nimmt dir ganz oft das Denken ab. Richtig schlau wird man aber v. a. durch Denken. Das Gehirn kann das gut, was es oft tut. Dinge, die du nie oder nicht mehr machst, verlernt das Gehirn auch wieder ganz schnell.
Kannst du noch eine Landkarte oder einen Fahrplan lesen? Oder kopfrechnen?
Vielleicht hast du schon einmal einen Begriff oder etwas Ähnliches im Internet nachgeschaut: Dann hast du erlebt, dass du dich zwar daran erinnerst, *dass* du den Begriff nachgeschaut hast, aber die Bedeutung des Begriffs weißt du nicht mehr. Das nennt sich „digitale Demenz" – nur wenig Wissen wird wirklich gespeichert.

Argumentationskarte 5: Gefährliche, schelle Befriedigung

Warum macht ein Handy so viel Spaß? Das hat viel mit der sogenannten „schnellen Befriedigung" zu tun. Zocken, chatten, posten etc. geben dir schnell ein gutes Gefühl: das Gefühl etwas Gutes, evtl. sogar etwas Sinnvolles getan zu haben. Gerade Spiele sind mit voller Absicht so programmiert, dass du ganz schnell ein Erfolgserlebnis bekommst, das sich in regelmäßigen, kurzen Abständen wiederholt. Du bekommst klingende Münzen, schaffst ein Level, wirst vermeintlich ein bisschen besser. Das macht schnell Spaß. Eine schnelle Befriedigung, für die du dich nicht wirklich anstrengen musst.
Aber: Leider ist diese *Belohnung* nicht viel wert, denn sie ist beliebig ersetzbar, nicht von langer Dauer und zählt für dein persönliches Fortkommen gar nichts. Die meisten Dinge, die wirklich von Wert und Dauer sind, muss man sich mit Anstrengung und Durchhaltevermögen erarbeiten. Dafür bekommt man dann aber auch eine langfristige Belohnung mit Wert und Bestand.

Argumentationskarte 6: Gefährliche Zeitfresser

Wie viel Zeit verbringst du mit deinem Handy? Kannst du diese Frage ehrlich beantworten? Kann es sein, wenn du das mal gewissenhaft messen würdest, dass du dann ziemlich überrascht wärst? ➠ Man kann sinnvoll verbrachte Zeit daran erkennen, dass man vom dem, was man getan hat, auch danach noch etwas hat. Übrigens: Spaß haben ist demnach durchaus sinnvoll, wenn du *danach* auch noch froh bist, die Zeit mit Spaß verbracht zu haben.
Und nun denk an die Zeit, die du mit deinem Handy verbracht hast. Sicher – du hattest Spaß. Aber war das Spaß (wie z. B. mit Freunden etwas zu unternehmen), von dem du hinterher noch etwas hattest? Oder war das verlorene Zeit, weil sie sinnlos, austauschbar, immer gleich verbracht wurde? Wie viel Zeit schlägt dann dein Handy einfach sinnlos tot? Und das Tag für Tag, Woche für Woche, Jahr für Jahr. Was, wenn du in dieser Zeit gelernt, geübt, trainiert oder richtigen Spaß gehabt hättest?

Impulskontrolle

a) Das Wesen der Entscheidungen

Ziele:
Die Schüler*innen lernen die Funktion und Bedeutung der Impulskontrolle für das selbstständige und erfolgreiche Arbeiten und Handeln kennen.

Zeit: ca. 30 Minuten

Vorbereitung:
- Arbeitsblatt (**M1**) in Klassenstärke kopieren
- Infotext (**M2**) als Anregung für die Lehrkraft oder zum Kopieren für die Klasse
- Wichtig: Wenn die Klasse den Infotext lesen soll, dann diesen nicht zu Beginn austeilen!
- Grafiken (**M2**) zur Verfügung stellen (Beamer, Dokumentenkamera o. Ä.)

Worum geht's?
Die Kapitel a) bis c) zur Impulskontrolle sind als Einheit angelegt. Sie können nacheinander in Folgestunden eingesetzt werden.
Kapitel a) soll das Bewusstsein schaffen, dass Menschen täglich tausende von Entscheidungen treffen, die beinahe alle Konsequenzen haben. Die Frage ist, welche Entscheidungen helfen, erfolgreich zu sein?
Wer erfolgreich an einer Aufgabe dranbleiben will, hat meist nicht eine große, sondern viele kleine Entscheidungen zu treffen. Dabei gibt es viele Verlockungen. Also sollte man immer wieder die eigenen Impulse steuern, um auf dem richtigen Weg zu bleiben.
Ziel dieser Einheit ist zwar, dass die Schüler*innen lernen, disziplinierter zu arbeiten, jedoch werden bei diesem Ansatz *nicht* Tipps für mehr Disziplin gegeben. Vielmehr wird den Schüler*innen aufgezeigt, dass die Disziplin eigentlich ständig, bei jeder Entscheidung, eine Rolle spielen kann.
Deswegen vermittelt Kapitel a) den Schüler*innen die Grundidee, dass das eigene Handeln von ständigen Entscheidungen abhängt.
In Kapitel b) wird gezeigt, wie diese Entscheidungen das Jetzt und das Nachher beeinflussen. Dazu gehört, dass es Vorteile bringt, wenn man nicht jeder sofortigen Belohnung anheimfällt.
Zum Abschluss in Kapitel c) wird das Konzept der schnellen und langfristigen Belohnung erläutert.
All diese Informationen führen dazu, dass die Kinder und Jugendlichen ihr eigenes Handeln und Fortkommen als Folge ihrer eigenen Entscheidungen begreifen können.
Das gipfelt in einem einzigen Tipp: Die eigenen Entscheidungen sollte man in den Mittelpunkt rücken und anhand dieser die Impulskontrolle analysieren und trainieren.

Skizzierter Ablauf:
- Die Klasse liest das Fallbeispiel und geht in PA die Aufgaben durch (**M1**).
- Bei Aufgabe 5 müssen die Schüler*innen ohne irgendwelche Anhaltspunkte eine „wichtige" Entscheidung treffen. Mithilfe des Infotextes (**M2**) kann analysiert werden, wie sie dabei vorgegangen sind.
- Anschließend bespricht die Klasse die Ergebnisse im UG.
- Als Abschluss werden die beiden Grafiken (auf **M2**) besprochen. Dabei ist es wichtig, festzuhalten, dass man trotz tausender Entscheidungen doch nur *einen einzigen* Weg gehen kann.

M1 Entscheidungen treffen

Fallbeispiel:

Herbert bewegt seinen Rollstuhl den Flur im Krankenhaus entlang. Wenn er die Augen schließt, sieht er die Szene immer wieder vor sich – den Moment, der sein Leben verändert hat:
Er fährt in seinem Wagen auf dem Weg zu einer Verabredung auf einer Landstraße, aber er ist schon spät dran. Er wird auf jeden Fall zu spät kommen, die Frage ist nur, wie viel zu spät. Er hasst das – wäre er doch nur früher losgefahren! Jetzt hängt er schon seit 20 Minuten hinter dem Lastwagen, der mit 70 km/h vor ihm herfährt. Er wird ungeduldig, nervös, seine Hände beginnen zu schwitzen, so sehr krampft er sich am Lenkrad fest. Schon ein paar Mal hat er zum Überholen angesetzt, aber jedes Mal kam ihm ein Auto entgegen. Er muss an diesem Laster vorbei, sonst ist seine Verabredung gelaufen. Ein Blick auf die Uhr – schon so spät! Aber dann kommt endlich ein gerades Stück Straße, da muss es gehen! Er gibt schon mal Gas, bis er fast am Heck des Lastwagens ist. Dort schert er aus. Auf der Gegenfahrbahn kommt ihm ein Fahrzeug entgegen, aber es ist noch einigermaßen weit entfernt. Er drückt das Gaspedal durch, es muss reichen! Schnell kommt das andere Auto näher, viel zu schnell …

Aufgaben:

1 Besprecht: Wie geht die Geschichte weiter?

2 Wie könnte eine passende Überschrift lauten? ______________________________

3 Besprecht: Was denkt ihr über Herbert?
Zum Beispiel: *Er hat mein Mitleid verdient! Da kann man nichts machen, sowas kommt manchmal vor!*
Oder: *Er trägt die Verantwortung für das, was passiert ist!*

4 Überlegt: Eine falsche Entscheidung hat Herberts Leben für immer verändert, nicht wahr? Würdet ihr dieser Aussage zustimmen?

5 Entscheidet euch für eines der Kästchen und markiert es. Es ist wichtig, dass ihr das richtige Kästchen wählt!

☐ ☐ ☐ ☐ ☐ ☐ ☐

6 Du liegst im Bett, dein Wecker klingelt sehr früh. Aufstehen? Snooze-Taste drücken? Beschreibe stichwortartig die ersten 10 Minuten deines Tages!

____

____

____.

7 Auch du triffst Entscheidungen – jeden Tag. Gehe mal in Gedanken einen Tag durch und überlege, wie oft du an diesem eine Entscheidung treffen musst.
Notiere hier die ungefähre Zahl: ______

M2 Infotext

Wissenschaftler schätzen, dass ein Mensch jeden Tag im Durchschnitt **20 000 (!) Entscheidungen** trifft. Und im Prinzip hat *jede* Entscheidung eine *Konsequenz*, manchmal nur eine geringe, aber meist doch eine entscheidende: Bleibe ich beim Klingeln des Weckers erst mal liegen oder nicht? ➠ Die erste Entscheidung des Tages hat schon eine beachtliche Konsequenz: in Ruhe in den Tag starten oder unter Umständen mit Hektik und Stress beginnen. Wenn man seine ersten 10 Minuten des Tages durchsieht, kann man schon sehr viele Entscheidungen finden (was anziehen, was frühstücken usw.).

Welches Kästchen hast du bei Aufgabe 5 angekreuzt? Das richtige Kästchen? Aber welches ist richtig?

➠ Das war auch nicht *eine* Entscheidung, sondern es waren mehrere:

- Welchen Stift, welche Farbe, ein Kreuz oder eine andere Markierung?
- Sich zuerst mit dem Nachbarn beraten? Schauen, was die anderen machen?
- Irgendetwas ankreuzen oder einen Plan verfolgen?
- Bei dieser blöden Aufgabe gar nicht erst mitmachen?

Und Herbert? Wir hoffen, nie eine solche falsche Entscheidung zu treffen. Wie groß ist die Wahrscheinlichkeit, dass bei 20 000 Entscheidungen keine falschen dabei sind?
Tatsache ist, wir entscheiden ständig – manchmal bewusst, manchmal unbewusst. Und wir tragen ständig die Konsequenzen. Keine Entscheidung kann rückgängig gemacht werden und niemand kann die Zeit zurückdrehen. Was jetzt gerade passiert, bestimmt das Nachher (nicht verwechseln mit: einen Fehler wiedergutmachen).

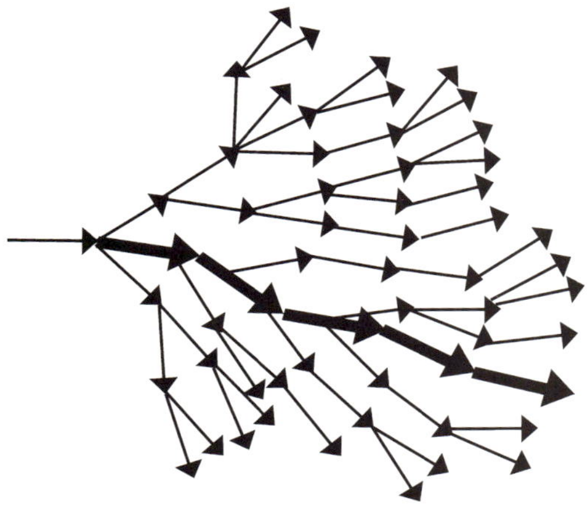

➠ Also lautet die Frage: Wie trifft man die richtigen Entscheidungen?

➠ Oder: Wie trifft man die richtigen Entscheidungen, um ***erfolgreich*** zu sein (z. B. in der Schule)?

Impulskontrolle

b) Vorher – Jetzt – Nachher

Ziele:
Die Schüler*innen lernen anhand des sogenannten Marshmallow-Tests die Wirkung der Impulskontrolle (Belohnungsaufschub) kennen, nämlich dass ihre Entscheidungen direkte und längerfristige Auswirkungen auf die Zukunft haben. Außerdem finden sie Möglichkeiten, wie sie die eigene Impulskontrolle verbessern können.

Zeit: ca. 30 Minuten

Vorbereitung:
- Eine Süßigkeit vorbereiten, um mit den Schüler*innen den Test selbst durchzuführen
- Technische Möglichkeit schaffen, die Videos zu zeigen:
  - Marshmallow-Test (Igniter Media): https://www.youtube.com/watch?v=QX_oy9614HQ
  - Erläuterungen zum Marshmallow-Test (Empalogics): https://www.youtube.com/watch?v=S7t3t9FSOCs
- Arbeitsblatt (**M**) in Klassenstärke kopieren

Worum geht's?
Die Kapitel a) bis c) zur Impulskontrolle sind als Einheit angelegt. Sie können nacheinander in Folgestunden eingesetzt werden.
Kapitel b) soll zeigen, wie wir unsere Entscheidungen treffen und wie diese direkt Auswirkungen auf die Zukunft haben. Die Entscheidungen der Vergangenheit bestimmen das Jetzt und die des Jetzt die Zukunft.
Die Impulskontrolle entscheidet maßgeblich darüber, ob wir kluge Entscheidungen treffen – oder eben nicht. Die Tatsache, dass die Vergangenheit unsere Gegenwart und die Gegenwart unsere Zukunft bestimmt, ist nicht unbedingt bahnbrechend neu. Dennoch lohnt es sich, darüber mal ausführlich nachzudenken. Neu dürfte (in der Schule) der Ansatz sein, dass es oft nur wenige Sekunden sind, die über einen längeren Zeitraum entscheiden.

Skizzierter Ablauf:
- Eine Art Marshmallow-Test wird durchgeführt. Die Lehrkraft verteilt eine Süßigkeit (oder etwas anderes) an jede*n Schüler*in und erwähnt beiläufig, dass diejenigen, die ihre Süßigkeit in der nächsten Stunde (oder zu einem anderen Zeitpunkt) noch haben bzw. mitbringen, eine zweite Süßigkeit bekommen.
- Alternativ wäre auch möglich, dass die Süßigkeit bereits ausliegt, wenn die Klasse den Raum betritt. Die Lehrkraft kann einen kleinen Zettel dazulegen (ggf. als „Fake": „Ein kleines Dankeschön für … Übrigens: Wenn du mit dem Aufessen wartest bis …, kriegst du eine zweite Süßigkeit."). Ein Element des Tests ist, dass die Schüler*innen nicht nachfragen können („Wie lange noch?"), ggf. verlässt die Lehrkraft den Raum.
- Wenn der Test vorbei ist, befragt die Lehrkraft die Schüler*innen nach ihren Gefühlen und Beweggründen für ihr Handeln.
- Sie zeigt die beiden Videos zur Erläuterung der Hintergründe des Tests (ggf. ab Werbung am Ende von Video Nr. 2 abschalten).
- Die Klasse liest den Text auf dem Arbeitsblatt (**M**) und bearbeitet in EA oder PA die Aufgaben.
- Anhand des Textes auf dem Arbeitsblatt **M** werden praktische Überlegungen angestellt:
  - Das Vervollständigen der Sätze vertieft für die Schüler*innen die Folgen ihres momentanen Handelns.
  - Weitreichende Entscheidungen fallen oft innerhalb von Sekunden.
  - Die Diskussion der Vorschläge kann Techniken aufzeigen, die eigenen Impulse zu kontrollieren.

M Belohnungsaufschub

Vorher – Jetzt – Nachher? Es klingt banal, hat aber enorme Auswirkungen!

Aufgabe: Vervollständigt mündlich die Sätze.

1 Das Jetzt hat viel (eigentlich alles) mit dem Vorher zu tun.
Je nachdem, was du *vorher* gemacht hast, wird dein *Jetzt* sein.

Beispiel Schulaufgaben:
Wenn du *vorher* deine Aufgaben erledigt hast, **dann … *jetzt* …**
Wenn du *vorher* deine Aufgaben *nicht* erledigt hast, **dann … *jetzt* …**

2 Das Nachher hat viel (eigentlich alles) mit dem Jetzt zu tun.
Je nachdem, was du *jetzt* machst, wird dein *Nachher* sein.

Wenn du *jetzt* deine Aufgaben machst, **dann … nachher …**
Wenn du *jetzt* deine Aufgaben *nicht* machst, **dann … nachher …**

➠ Der **CLOU** daran ist:
Die Entscheidung, was du *jetzt* (mit dem Jetzt) machst, triffst du oft innerhalb von nur wenigen Sekunden! Wenige Sekunden entscheiden also darüber, wie deine (nähere und weitere) Zukunft aussieht. Denke mal über deine Tagesverläufe nach. Wie oft entscheidet eine schnelle Entscheidung, die du innerhalb von Sekunden getroffen hast, über den ganzen folgenden Tag?

Wissenschaftler nennen so etwas ***Impulskontrolle*** oder ***Belohnungsaufschub***.
Wer etwas Angenehmes aufschieben kann, bis er etwas Unangenehmes erledigt hat, ist erfolgreicher.
Daraus folgt: Je besser die eigene Impulskontrolle ist, desto besser kommt man im Leben zurecht, desto erfolgreicher und glücklicher wird man sein! Das Geheimnis liegt darin, seine Impulse (also die angebotenen *kurzfristigen* Belohnungen) zu kontrollieren!

Aufgabe: Diskutiert folgende Vorschläge.

1 Du solltest arbeiten? ➠ Einfach anfangen, nicht zu viel nachdenken, ob du darauf jetzt Lust hast. Einfach ausblenden, dass du die Tätigkeit, der du jetzt nachgehen solltest, eigentlich gar nicht machen willst.

2 Dir dessen bewusst werden, wie viele kleine Weichen es täglich gibt; im Tagesrückblick schauen, wie vielen Impulsen du widerstehen konntest und welchen nicht; Stolz entwickeln für jeden überwundenen Impuls.

3 Wenn du etwas arbeiten musst, worauf du keine Lust hast, gibt dir das oft kein gutes Gefühl. Aber das Gefühl, etwas Unangenehmes *getan zu haben,* schon.

4 Der beste Zeitpunkt etwas zu tun ist … jetzt! Stell dir eine Uhr vor, die keine Zeiger hat und die Zeit nicht anzeigt.
Auf dem Zifferblatt steht nur ein Wort: *Jetzt.*

Impulskontrolle

c) Disziplin

Ziele:
Die Schüler*innen analysieren und trainieren, disziplinierte Entscheidungen in den Fokus zu stellen. Außerdem beschäftigen sie sich mit schnellen und (meist wünschenswerten) langfristigen Belohnungen.

Zeit: ca. 30 Minuten

Vorbereitung:
- Arbeitsblatt (**M1**) in Klassenstärke kopieren
- Infotext (**M2**) als Anregung für die Lehrkraft oder zum Kopieren für die Klasse

Worum geht's?
Die Kapitel a) bis c) zur Impulskontrolle sind als Einheit angelegt. Sie können nacheinander in Folgestunden eingesetzt werden.
Kapitel c) beschäftigt sich mit dem Wesen der Disziplin. Die Begriffe „schnelle und langfristige Belohnung" werden erläutert und es wird gezeigt, wie sich schnelle Belohnungen langfristigen Belohnungen in den Weg stellen können.
Was ist eigentlich Disziplin? Nach einer kurzen Wiederholung der beiden letzten Einheiten denken die Schüler*innen über diesen – vermutlich eher negativ besetzten – Begriff nach.
Im Infotext (**M2**) wird beschrieben, dass aufgewendete Disziplin eher zum Erfolg mit entsprechendem Lohn führt, undiszipliniertes Verhalten eher nicht. Wichtig ist nun die Unterscheidung in schnelle und langfristige Belohnung und deren Bedeutung für das eigene Fortkommen. Die Schüler*innen sollten erkennen, wie verlockend es ist, sich eine schnelle Belohnung zu verschaffen und dadurch den Blick für die langfristige zu verlieren.
Am Ende der drei Kapitel a) bis c) werden deren Inhalte zu einem Tipp zusammengefasst: Nämlich die eigenen Entscheidungen als solche zu erkennen und sie zu untersuchen, um sich darüber klar zu werden, dass Erfolg letztlich das Ergebnis vieler kleiner Siege über sich selbst ist.

Für viele Schüler*innen dürfte es schon ein wichtiges Ziel sein, überhaupt von der Impulskontrolle zu wissen. Wenn sie darüber hinaus erkennen, welche Rolle sie ggf. für zurückliegende schulische Erfolge oder Misserfolge spielt, haben sie die Möglichkeit, ihr eigenes Arbeitsverhalten besser zu steuern.

Skizzierter Ablauf:
- Die Schüler*innen bearbeiten in PA die Aufgaben (**M1**) in Stichpunkten und besprechen diese dann im UG.
- Wenn den Schüler*innen bei Aufgabe 7 keine lohnenswerten, langfristigen Belohnungen einfallen, kann die Lehrkraft nachhelfen: *gute Noten (Zeugnis, Klassenarbeit, Test), sportlich sein, ein Instrument spielen können, für Fähigkeiten bewundert werden, das Gefühl, etwas abgeschlossen zu haben, etwas geleistet zu haben, etwas Unangenehmes hinter sich gebracht zu haben, Durchhaltevermögen, gute Vorsätze, regelmäßig an einem Ziel arbeiten usw.*

M1 Disziplin – Belohnung

Aufgaben:

1 Disziplin – was ist das überhaupt? Nennt Beispiele.

____.

2 Was ist Selbstdisziplin? Gibt es da einen Unterschied zur Disziplin?

____.

3 Für welche Aufgaben braucht ihr viel, für welche weniger Disziplin?

____.

4 Ist die Vorstellung, heute Nachmittag drei Stunden zu lernen, für dich unangenehm? Warum?

____.

5 Welcher Lohn erwartet dich, wenn du deine Lernarbeit erledigt hast?

____.

6 Welcher Lohn erwartet dich, wenn du deine Lernarbeit *nicht* erledigt hast?

____.

7 Schreibt ein paar langfristige Belohnungen, die euch lohnenswert erscheinen, in die Mitte eines Blattes.

8 Schreibt mit roter Farbe schnelle Belohnungen dazu, die sich auf dem Weg zu der langfristigen Belohnung befinden und die vom Weg abbringen können. Beispiel:

Süßigkeiten | Zigaretten | Snacks

Alkohol | Gesundheit & Fitness | Drogen

Sofa statt Training | falsche Ernährung

Tipp: Sei dir bewusst, dass du jeden Tag tausende Entscheidungen triffst! Die richtigen (z. B. jetzt anfangen, kein Handy usw.) brauchen Willenskraft. Überdenke deine zurückliegenden Entscheidungen: Welche haben zu positiven Konsequenzen geführt?

Vorschläge:
- Lobe dich am Ende des Tages für die richtigen, durch Willensstärke getroffenen Entscheidungen. Sei stolz darauf!
- Vielleicht kannst du eine Strichliste über gute Entscheidungen führen.
- Probiere mal aus: Stecke dir einige kleine Gegenstände (1-Cent-Münzen, Murmeln, Büroklammern) in deine linke Hosentasche. Bei jeder bewusst disziplinierten Entscheidung nimmst du einen und steckst ihn in die rechte Hosentasche. Dann sieh am Abend nach, wie viele du geschafft hast!

M2 Infotext

Eine kurze Zusammenfassung zur Impulskontrolle:

- Wir treffen täglich viele tausend Entscheidungen und alle haben Konsequenzen.
- Auf dem Weg „das Richtige“ zu tun, gibt es viele Verlockungen, die uns vom Weg abbringen können. Wir benötigen Impulskontrolle, um diesen Verlockungen nicht nachzugeben.
- Impulskontrolle hat großen Einfluss auf Erfolg und Glück.
  ➠ Um Impulse kontrollieren zu können, braucht es **DISZIPLIN**!

Es gibt viele Möglichkeiten, eine unangenehme Aufgabe abzumildern, damit man sie doch mit einigermaßen guter Laune erledigt. Vielleicht ist Lernen für manch einen auch keine unangenehme Tätigkeit. Das Problem ist, dass es aber meistens eine angenehmere Alternative gibt. Es gibt doch sicher eine Reihe von Dingen, die man heute Mittag lieber täte, als drei Stunden zu lernen, oder?

Je nachdem, wie man sich entscheidet, wird man den *Lohn* seiner Entscheidung erhalten. Wenn man über Lohn bzw. über Be-*lohn*-ung spricht, muss man eine ganz wichtige Sache wissen: Es gibt zwei Sorten von Belohnung:

- Die ***schnelle Belohnung***: Man macht etwas und bekommt sofort ein gutes Gefühl. Beispiele: Schokolade essen, zocken, etwas Unangenehmes sein lassen …
- Die ***langfristige Belohnung***: Man macht etwas, vielleicht auch mehrmals, aber die Belohnung dafür gibt es erst Tage, Wochen, manchmal Jahre später. Beispiele: trainieren, ein Instrument üben, lernen für die Schule …
  ➠ Dabei bekommt man die Belohnung für eine gute Leistung leider erst viel später, z. B. wenn man eine Klassenarbeit zurückbekommt.

Sicher ist jedem klar, dass eine langfristige Belohnung viel wertvoller und befriedigender ist als eine schnelle. Eine langfristige Belohnung gibt es nur, wenn man dranbleibt und durchhält. Sie ist also viel schwieriger zu bekommen. Dafür hält sie aber auch länger an, während eine schnelle Belohnung nach kurzer Zeit wieder verschwindet.

Langfristige Belohnung

Auf dem Weg zum Ziel, zur langfristigen Belohnung, lauern viele kleine, schnelle Belohnungen, die oft so verlockend sein können, dass man das langfristige Ziel aus den Augen verliert. Es ist beispielsweise das Handy, das einem blöderweise auf dem Weg zur Arbeit in die Quere kommt.

➠ **Hier hilft Impulskontrolle (*der* ausschlaggebende Faktor für Erfolg und Glück)! Und dafür braucht es Disziplin bzw. Willenskraft.**

Es gibt viele Wege zu mehr Disziplin, denn Willenskraft ist trainierbar. Man wird immer besser, je öfter man diszipliniert handelt (und umgekehrt: immer schwächer, je öfter man nachgibt).

Wissen bekommen – oder Wissen holen?

Ziele:
Die Schüler*innen werden sich ihrer Einstellung zum Lernen und Arbeiten bewusst und lernen Möglichkeiten kennen, diese zu ändern.

Zeit: ca. 45 Minuten

Vorbereitung:
- Karte (**M1**) vergrößert kopieren
- Arbeitsblatt (**M2**) in Klassenstärke kopieren
- Kärtchen (**M3**) in Klassenstärke kopieren und ausschneiden

Worum geht's?
Kinder und Jugendliche haben mitunter eine eher passive Einstellung zum Lernen und Arbeiten in der Schule.
Sie werden in dieser Einheit dazu angehalten, ihre eigene Einstellung zu hinterfragen und sich zwischen den Extremen „Wissensbekommer“ und „Wissensholer“ einzusortieren.

Skizzierter Ablauf:
- Als Einstieg eignet sich eine kurze Diskussion über die Karte „Du *bekommst* hier kein Wissen! Aber du kannst dir hier Wissen *holen*!“ (**M1**). Die Lehrkraft kann die Klasse fragen: *Was ist denn der Unterschied zwischen Wissen bekommen und Wissen holen?*
- Die Klasse bespricht gemeinsam die Fragen auf **M2 oben**.
- Die Schüler*innen lesen den kurzen Text in der Sprechblase (**M2**) und schätzen ihre Position zwischen den Extremen Wissensbekommer und Wissensholer (**M2 unten**) ein.
- Die Klasse ordnet in PA die Beispielsätze auf den Kärtchen (**M3**) einer Bekommen- und einer Holen-Seite zu.
- Sie präsentieren ihre Ergebnisse kurz im UG.
- Die Schüler*innen könnten dann zu den einzelnen Kärtchen Beispiele suchen und als ganze Sätze formulieren, z. B. „Ich bin mittendrin und trage etwas bei, wenn ich …“

Weitere Hinweise:
Die Schüler*innen könnten weitere Übungen im Anschluss oder zu einem späteren Zeitpunkt erledigen, z. B.:
- Definition zu den Begriffen Wissensbekommer und Wissensholer überlegen.
- Ziele formulieren, wie sie vom Wissensbekommer zum Wissensholer werden können.
- Termin vereinbaren, an dem jede*r berichtet, wie er*sie sich mehr in Richtung Wissensholer entwickelt hat.

M1 Karte

Du ***bekommst*** hier kein Wissen!

Aber du kannst dir hier Wissen ***holen***!

M2 Wissensbekommer – Wissensholer

Fragen:

Was ist der Unterschied zwischen *Wissen bekommen* und *Wissen holen?*

Wer ist eigentlich dafür *verantwortlich*, dass *du* in der Schule etwas lernst?

Was bedeutet es, wenn du *selbst* für etwas *verantwortlich* bist?

Wofür hast du eigentlich einen Lehrer?

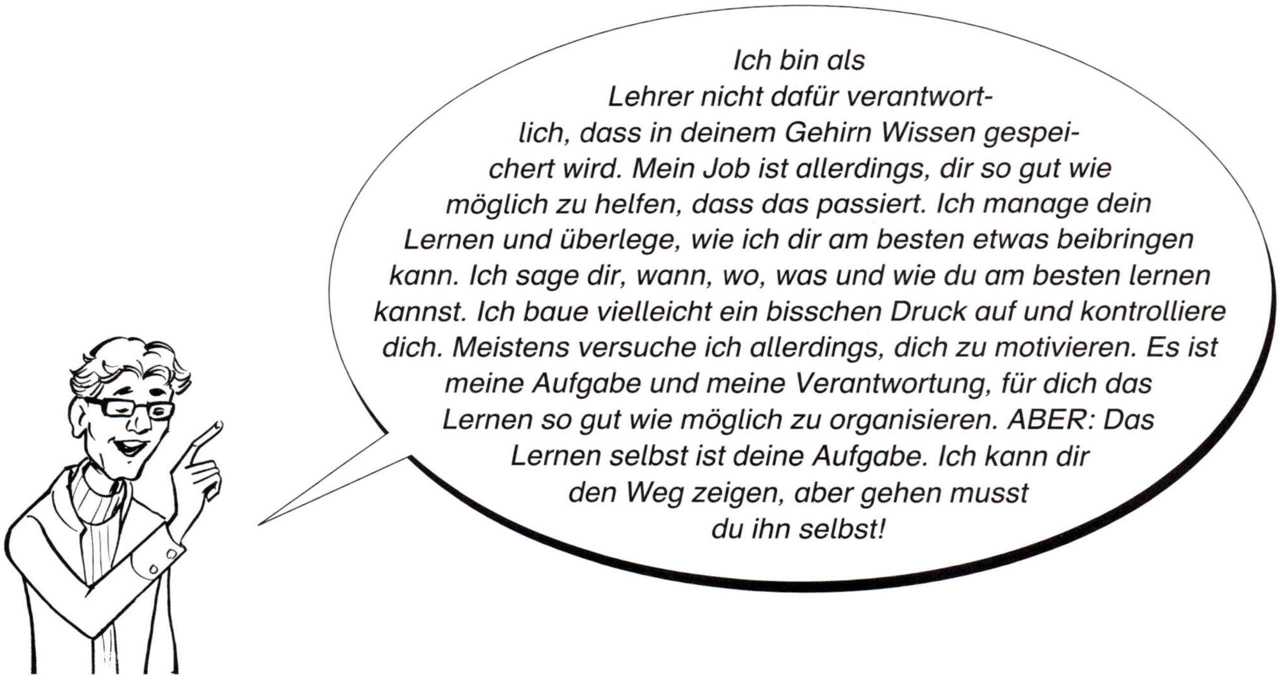

Was bist DU? Setze ein Kreuz auf der Skala zwischen 1 und 10!

Wissens-bekommer	1	2	3	4	5	6	7	8	9	10	**Wissens-holer**
	☐	☐	☐	☐	☐	☐	☐	☐	☐	☐	

M3 Kärtchen

bekommen (passiv)	**holen (aktiv)**
im Unterricht sein, absitzen, eben da sein, die Zeit hinter sich bringen, auf die Mittagspause warten …	nachfragen, mittendrin sein, etwas beitragen, sich einbringen, mit und von anderen lernen …
wenn überhaupt, dann stur auswendig lernen bzw. irgendwie schon das Nötigste mitbekommen	Was gibt es für mich heute zu lernen?
Ich bin hier, weil es meine Eltern oder Lehrer so wollen oder weil das eben alle so machen.	Ich muss sowieso da sein, also nutze ich die Zeit möglichst gut.
mitschwimmen, körperlich anwesend sein, abwarten …	Ich bin vorbereitet.
Ich lasse alles auf mich zukommen.	Spannendes hält wach. Wenn ich in den Urlaub fahre, bin ich morgens um 4 auch hellwach.
Ich bin müde und will wieder in mein Bett. Jeden Tag das Gleiche …	den Sinn und die Zusammenhänge verstehen oder suchen, Transfer schaffen …
keine Lust, alles viel zu anstrengend …	Neugier heißt, gierig auf Neues zu sein.
eigentlich egal, was hier und heute passiert …	Ich will hier sein und ich will teilhaben. Ich weiß, dass ich möglichst viel wissen will.

Mein Problem – dein Problem

Ziele:
Die Schüler*innen kennen verschiedene Möglichkeiten, mit einem auftretenden Problem umzugehen, statt nur abzuwarten, und lernen, die erlernte Hilflosigkeit zu überwinden.

Zeit: ca. 20 Minuten

Vorbereitung:
- Arbeitsblatt (**M**) in Klassenstärke kopieren
- Ggf. leeres Plakat vorbereiten

Worum geht's?
Als Lehrkraft erlebt man es immer wieder, dass ein*e Schüler*in ein Problem hat (z. B. kein Blatt, das er*sie aber für die anstehende Aufgabe benötigt) und erwartet, dass jemand anderes für ihn*sie das Problem löst (z. B. ein Blatt vorbeibringt).
Das Arbeitsblatt (**M**) soll den Schüler*innen aufzeigen, dass es unterschiedliche Möglichkeiten gibt, mit einem auftretenden Problem umzugehen: abwarten oder anpacken.
In dieser Einheit soll den Schüler*innen vermittelt werden, dass eine anpackende, auf Lösung gerichtete Haltung günstiger ist.
Die „Beobachtungsaufgabe" (Aufgabe 1) hilft, dass die Schüler*innen das Problem auch bei ihrem Gegenüber erkennen, nicht nur bei sich selbst. Das kann helfen, die erlernte Hilflosigkeit zu erkennen und in der Klassengemeinschaft zu überwinden.

Skizzierter Ablauf:
- Die Klasse liest den kurzen Text und bearbeitet in PA mündlich die Aufgaben (**M**).
- Dann bespricht die Klasse die Aufgaben im UG.
- Am Ende bietet es sich an, die vorgeschlagene Floskel „Löse *dein* Problem selbstständig und kreativ!" (oder eine andere) auf einem Plakat festzuhalten und bei Bedarf in den folgenden Stunden darauf zu verweisen.

Weitere Hinweise:
- Eine Floskel (z. B. „Löse *dein* Problem selbstständig und kreativ!") kann helfen, dass sich viele Schüler*innen auch Wochen später noch an die Lektion erinnern.
- Wichtig wäre, darauf zu achten, dass die Aktion nicht ins Gegenteil umschlägt und fortan jede angeforderte Hilfe ausgeschlagen wird. Wenn das geschieht, sollte man eine Folgediskussion anschließen:
  - *Was ist der Unterschied zwischen „du machst dein Problem zu meinem" und einer aufrichtigen Frage nach Hilfe?*
  - *Wie kann man den Unterschied erkennen?*
  - *Wann ist Hilfe geben richtig, wann ist Hilfe anfordern ein Ausnutzen?*

M Abwarter – Anpacker

Du hast ein Problem? Ein Problem, das man lösen muss?
Wer löst das Problem?

Abwarter

Anpacker

Du lernst viel dabei, wenn du deine Probleme selbst anpackst und löst. Was für dich gilt, gilt natürlich auch für jeden deiner Klassenkameraden.
Entweder sind sie ***Abwarter*** (die abwarten, ob jemand anderes ihr Problem für sie löst) oder ***Anpacker*** (die ihre Probleme aktiv anpacken).

Aufgaben:

1 Schätzt eure Klassenkameraden durch etwas Beobachtung ein: Sind sie Abwarter oder Anpacker? Das könnt ihr am Verhalten, aber auch an Worten sehen.

2 Versucht mal, die folgenden Aussagen einzuschätzen:

Ich habe kein Blatt!	Kannst du mir bitte ein Blatt geben/leihen?
Ich habe keinen Platz/keinen Stuhl!	Kann ich den Stuhl haben?/Sitzt da schon jemand?/ Darf ich mich dazusetzen?
Ich kapiere das nicht!	Kannst du mir das bitte nochmal erklären?
Ich habe keinen Bock!	So schlimm ist das nicht!/Augen zu und durch!/ Einfach anfangen!/Ist doch eigentlich interessant!
Ich kann nichts sehen!	Könnten Sie bitte zur Seite gehen?/ Können Sie das größer machen?

3 Kennt ihr weitere Beispiele?

4 Warum sind die Aussagen in der rechten Spalte besser?
➞ Wenn man sich die Aussagen genau ansieht, so stecken in den Aussagen der linken Spalte immer sogenannte ***Handlungsaufforderungen***. Wer solche Sätze sagt, will, dass jemand anderes etwas für ihn erledigt und macht sein Problem zum Problem des anderen.

5 Überlegt euch eine Strategie: Woran kann man erkennen, dass jemand sein Problem zu dem Problem eines anderen macht?

6 Wie könnt ihr freundlich, aber bestimmt, verhindern, dass jemand sein Problem zu eurem macht?

7 Wie könnt ihr jemanden freundlich, aber bestimmt, darauf hinweisen, dass er gerade versucht, sein Problem zu dem eines anderen zu machen?

! Eine Strategie ist natürlich, dem Gegenüber ganz klar mitzuteilen: „Tut mir leid, aber du machst gerade dein Problem zu meinem!“ Vielleicht hat er das selbst noch gar nicht gewusst. Dann wird es höchste Zeit, dass du ihm seine ***erlernte Hilflosigkeit*** vor Augen führst, damit er ein ***Anpacker*** wird!
Es kann sein, dass ihm diese Zurückweisung nicht weiterhilft und er eingeschnappt reagiert. Wie wäre es dann mit einer Floskel, die den Ball zurückwirft und ihrerseits eine Handlungsaufforderung ist: **„Löse *dein* Problem selbstständig und kreativ!“**

So änderst du die Umstände – oder deinen Umgang damit

Ziele:
Die Schüler*innen lernen verschiedene Problemlösemöglichkeiten und eine Strategie, den eigenen Umgang mit Problemen zu ändern, kennen.

Zeit: ca. 30–45 Minuten (je nach Anzahl der „Probleme“, die besprochen werden)

Vorbereitung:
- Arbeitsblätter (**M1** und **M2**) in Klassenstärke kopieren
- Ggf. Blätter vorbereiten

Worum geht's?
Anhand eines Problems (z. B. „Der Mathelehrer erklärt schlecht.“) werden viele Problemlösemöglichkeiten gesucht, sortiert und ausgewertet. Die Möglichkeiten werden dahingehend analysiert, inwieweit v. a. durch eigenes Zutun das Problem gelöst werden kann. Auch wird thematisiert, dass es zwar schöner wäre, wenn das Problem selbst verschwinden würde, letztlich aber der eigene, veränderte Umgang mit dem Problem oft hilfreicher ist.

Skizzierter Ablauf:
- Die Schüler*innen lesen den Text auf **M1 oben**.
- In GA bearbeiten sie die fünf Schritte mit dem gegebenen Beispiel.
- Ist eine Gruppe bei der Lösungsfindung wenig kreativ, kann man in einem UG Vorschläge unterbreiten, z. B.:
  beklagen bei der Klassenleitung; den Lehrer darauf ansprechen und ihn bitten, anschaulicher zu erklären; resignieren; „Dann mach ich halt nichts“-Haltung; „Jetzt erst recht“-Haltung; dem Unterricht so gut wie möglich folgen
- Die Klasse bespricht gemeinsam ihre Ergebnisse der Legearbeit.
- Die Gruppen führen dann untereinander die Diskussion durch (**M1 unten**). Da das Ergebnis wichtig ist, sollte es unbedingt verschriftlicht und anschließend im Plenum vorgestellt werden.
- Im Bedarfsfall sollte die Lehrkraft die gewünschte „Musterantwort“ zur Diskussion stellen:
  „Wahrscheinlich habt ihr als Ergebnis eurer Diskussion aufgeschrieben, dass es meistens *einfacher* ist, das Problem selbst würde beseitigt werden (Strategie I). Den Umgang mit dem Problem zu ändern (Strategie II), setzt oft Eigeninitiative voraus. Man muss selbst *aktiv* etwas tun, wobei doch jemand anderes an dem Problem schuld ist. Trotzdem führt in den allermeisten Fällen nur Strategie II erfolgreich zum Ziel.“
- Ob die Klasse aus den weiteren Schulproblemen auf **M2** alle ausführlich durcharbeitet oder nur eine Auswahl, bleibt der Lehrkraft überlassen. Es wäre auch möglich, dass die Gruppen jeweils ein Problem davon bearbeiten.
- Eventuell bietet sich statt den Problemen auf **M2** ein gerade aktuelles Problem an, welches die Klasse anhand der fünf Schritte (siehe **M1**) bearbeitet. Wichtig ist immer, möglichst viele Ideen zu finden und erst im nächsten Schritt zu sortieren und zu bewerten.
- Zum Abschluss kann die Klasse diesen Spruch diskutieren:
  Schwierigkeiten sind dazu da, Menschen davon abzuhalten, etwas zu bekommen, das sie nicht stark genug wollen – andere Menschen!
  (Der Spruch kann im Klassenzimmer aufgehängt werden.)

M1 Zwei Strategien

Stelle dir vor:
Wenn irgendetwas nicht so läuft, wie du es möchtest, wenn es Ärger gibt oder wenn du ein Problem hast – irgendwann kommst du an den Punkt, an dem du etwas ändern willst. Jetzt hast du im Prinzip zwei Möglichkeiten:

Strategie I: Du schaffst das Problem aus der Welt. Das heißt, du änderst die Umstände, die zu dem Problem führen.

Strategie II: Du änderst deinen *Umgang* mit dem Problem. Hierbei bleibt das Problem im Prinzip bestehen, aber du änderst die Art und Weise, wie du mit diesem Problem umgehst. Du findest also Möglichkeiten oder eine Taktik (die du immer mehr optimieren kannst), das Problem zu umgehen, zu verkleinern oder in den Griff zu bekommen.

Ein Beispiel:
Du bist der Meinung, dass dein Mathelehrer schlecht erklärt. Was kannst du tun? (Kann sein, dass das nur eine Ausrede ist, kann aber auch sein, dass es wirklich so ist.)

Aufgabe: Geht nun anhand des Beispiels die folgenden fünf Schritte durch.

1. Sammelt Möglichkeiten, das Problem in den Griff zu bekommen. Wertet dabei (noch) nicht. Lasst auch verrückte Ideen erst mal gelten. Notiert jede Idee auf einem extra Blatt.

2. Sortiert die gefundenen Möglichkeiten: Welche ändern das Problem und welche ändern den Umgang damit? Legt die Ideen, die das Problem ändern, auf die linke Seite (Strategie I) und die, die den Umgang mit dem Problem ändern, auf die rechte Seite (Strategie II).

3. Wertet nun: Welche Möglichkeiten sind durchführbar, welche eher nicht? Wie groß ist jeweils der Aufwand? Legt dazu die brauchbaren Ideen nach oben, die unbrauchbaren nach unten und erstellt so eine Hitliste.

4. Schätzt die Erfolgsaussichten der einzelnen Möglichkeiten ein: Was bringt etwas, was nicht? Was geht, was geht eher nicht? Nehmt auch das in eure Hitliste auf, sodass die besten Ideen oben stehen.

5. Welche Schritte sind nötig, um den Umgang mit einem Problem zu ändern? Welche Hilfen sind möglich? Wie fangt ihr an?

Diskussionsfrage für die Gruppe: Wenn Menschen ein Problem haben, wollen sie am liebsten das Problem aus der Welt schaffen (Strategie I). Auf die Idee, den *Umgang* damit zu ändern (Strategie II), kommen sie oft gar nicht. Warum ist Strategie I oft beliebter? Schreibt das Ergebnis eurer Diskussion auf ein Blatt.

M2 Beispiele

Vor Weihnachten oder vor Schuljahresende schreibst du immer sehr viele Klassenarbeiten. Drei oder vier in einer Woche sind keine Seltenheit. Wie könnte man diesen Stress mindern?

In deiner Klasse ist es oft laut und unruhig. Sie hat einen schlechten Ruf an der Schule, wie euch viele Lehrer bestätigen. Das hättet ihr gern anders.

Dein Schulranzen ist oft zu schwer. Zu viele Bücher, zu viele Fächer. Was kannst du dagegen unternehmen?

Du hast einen Partner, der dir die Hausaufgaben vorbeibringt, wenn du mal krank bist, und dem du die Hausaufgaben bringst, wenn er krank ist. Leider funktioniert das nicht gut. Was kannst du machen?

Die neue Sitzordnung gefällt dir gar nicht. Gibt es Möglichkeiten, etwas daran zu ändern?

Die Mitglieder deiner Lerngruppe machen nicht richtig mit. Was kannst du machen?

Ein Mitschüler stibitzt dir ständig, ohne zu fragen, deine Sachen. Das muss sich ändern!

Herr Müller schreibt viel zu schwere Tests. Was könnte da helfen?

Sicher hattest du ein eigenes, schwerwiegendes Schulproblem. Diskutiere es mit deinen Mitschülern!

Aufschubhandlung (Aufschieberitis)

Ziele:
Die Schüler*innen hinterfragen ihr eigenes Arbeiten kritisch und lernen, zielgerichteter zu arbeiten.

Zeit: ca. 20 Minuten

Vorbereitung:
- Arbeitsblätter (**M1** und **M2**) in Klassenstärke kopieren
- Tipps (**M3**) in Klassenstärke kopieren oder über Beamer o. Ä. zeigen
- Ggf. (farbige) Blätter vorbereiten

Worum geht's?
Aufschubhandlungen sind Tätigkeiten, die durchaus Sinn machen und einem ein gutes Gefühl geben können. Allerdings sind diese Tätigkeiten nicht das, was man eigentlich in dem Moment tun sollte. Diese „Falle" gilt es zu erkennen und zu vermeiden. Faulenzen oder chillen sind keine Aufschubhandlungen, denn danach ist man sich (hoffentlich) bewusst, nichts Sinnvolles getan zu haben. Aufschubhandlungen sind hinterhältiger: Da es sich um sinnvolle Dinge handelt, kann man leicht übersehen, dass die momentane Handlung nicht zum erwünschten Ziel führt.
Es gibt Schüler*innen, die das Gefühl haben, stundenlang gelernt oder gearbeitet zu haben, wobei sie in Wahrheit einen Großteil der Zeit mit Aufschubhandlungen (aufräumen, Materialien herrichten o. Ä.) verbracht haben. Dazu kommt, dass Aufschubhandlungen oft angenehmer sind und, wenn sie unerkannt bleiben, ein reines Gewissen erzeugen.

Skizzierter Ablauf:
- Ein möglicher Einstieg: Die Lehrkraft könnte eine Karte mit der Aufschrift „**Aufschubhandlung?!**" zeigen, zu der die Jugendlichen erste Überlegungen anstellen.
- Die Lehrkraft teilt das Arbeitsblatt (**M1**) aus und gibt der Klasse den Auftrag, den Text zu lesen und die Frage in EA schriftlich zu beantworten. Da das Arbeitsblatt absichtlich so gestaltet ist, dass es zu einer Aufschubhandlung herausfordert, ist es denkbar, dass einige Schüler*innen, genauso wie im Text beschrieben, handeln – ein perfekter Gesprächsanlass!
- Dann tauschen die Schüler*innen sich im UG aus, ob sie schon Erfahrungen mit Aufschubhandlungen gemacht haben oder weitere Beispiele kennen.
- Die Klasse bespricht in PA die Beispiele auf **M2** und entscheidet, welche Aufschubhandlungen sind und welche nicht.
- Die Schüler*innen können die Beispiele dann an der Tafel den Spalten „Aufschubhandlung" und „keine Aufschubhandlung" zuordnen. Nicht jedes Beispiel ist eindeutig.
- Als Ergebnis kann man gemeinsam festhalten, dass die Grenzen zwischen Aufgabe und Aufschubhandlung fließend sind und sie situationsbedingt unterschiedlich gesehen werden.
- Zum Abschluss fertigt jede*r eine Karte mit der Aufschrift „Aufschubhandlung?!" an, um sich ggf. selbst oder eine*n Mitschüler*in zu erinnern, die momentane Tätigkeit zu überprüfen.
- Es empfiehlt sich u. U., dass sich die Lehrkraft eine Karte mit der Aufschrift „Aufschubhandlung?!" zulegt und sie bei Bedarf einfach einem*einer Schüler*in zeigt.
- Die Lehrkraft kann die Tipps (**M3**) für die Klasse austeilen, besprechen oder im Klassenzimmer visualisieren.

M1 Aufschieberitis

Aufgabe: Lies den Text und beantworte schriftlich die Frage.

Der Lehrer teilt ein Arbeitsblatt aus und weist die Klasse an, das Blatt zu lesen und die Aufgaben zu bearbeiten. Peter holt Schere und Klebstoff aus seinem Ranzen. Er schneidet schmale Streifen von seinem Arbeitsblatt ab, damit er es sauber ins Heft kleben kann. Dann verteilt er den Klebstoff sorgfältig auf der Rückseite des Blattes und klebt es in das Heft ein. Peter ist zufrieden mit sich: Das Ergebnis sieht ordentlich aus und gibt ihm das Gefühl, etwas geleistet zu haben. Schließlich soll man alle Blätter einkleben und sein Heft ordentlich führen! Peter hat also gut gearbeitet – allerdings hat er nicht das gemacht, was er eigentlich hätte tun sollen.

Peter hat sich dazu entschieden, das Blatt erst mal einzukleben. Warum? – Das ist eigentlich klar: Das Blatt einzukleben war viel einfacher, als die komplizierten, anstrengenden Aufgaben zu bearbeiten. Und irgendwie gab es ihm das Gefühl, „etwas gearbeitet zu haben". Denn Peter hat schließlich nicht nichts getan, was ihm vielleicht Ärger oder zumindest ein schlechtes Gewissen eingebracht hätte.

So etwas nennt man eine Aufschubhandlung: Man begeht eine Handlung, mit der man eine andere Handlung aufschiebt. Das tut man, weil das, was man aufschiebt, nicht so angenehm ist. Und damit man dabei mit sich selbst zufrieden ist, ist diese Aufschubhandlung eine Handlung, die auch sinnvoll ist. Faulenzen oder Nichtstun sind keine Aufschubhandlungen. Wer faulenzt, hat hinterher (hoffentlich) ein schlechtes Gewissen, wenn er seine Aufgaben nicht erledigt hat. Das schlechte Gewissen kann die Aufschubhandlung verhindern.

Frage: Kennt ihr weitere Beispiele für Aufschubhandlungen?

____

____

____

____

____________________.

M2 Beispiele – Aufschubhandlungen

Aufgabe: Besprecht mit einem Partner, welche Beispiele Aufschubhandlungen sind und welche nicht.

Jens sollte für die Klassenarbeit lernen. Jetzt räumt er erst mal sein Zimmer auf.
Jessica will Mathe büffeln. Sie legt Lineal, Geodreieck, leere Blätter, Mathebuch und Stifte ordentlich vor sich hin – Vorbereitung ist wichtig.
„Jetzt mit den Hausaufgaben anfangen. Hm … erst mal einen Becher Kakao machen!“
„Vokabeln büffeln? Was wohl gerade im Klassenchat los ist? Ich frag mal, ob die anderen schon angefangen haben.“
„In zwei Tagen ist Mathe-Klassenarbeit und in drei Tagen schreiben wir Englisch. Ich lern jetzt trotzdem lieber Englisch, da bin ich noch nicht so fit.“
„Ich sollte eigentlich schon am Schreibtisch sitzen. Jetzt guck ich aber noch die nächste Folge an. Dann bin ich nachher gut ausgeruht und kann mich voll in die Arbeit stürzen!“
In der Vertretungsstunde erlaubt der Vertretungslehrer, dass die Schüler schon mal mit den Hausaufgaben anfangen. Annika unterhält sich lieber mit Lisa, die Hausaufgaben kann sie schließlich auch nachmittags machen.

M3 Tipps

- Führe die Karte **„Aufschubhandlung?!“** im Mäppchen mit und zeige sie einem Mitschüler, der deiner Meinung nach gerade eine Aufschubhandlung begeht.
- Du kannst sie auch an deinem Arbeitsplatz zu Hause befestigen. Wenn dein Blick darauf fällt, frage dich, ob du vielleicht gerade mit einer Aufschubhandlung beschäftigt bist.
- Der erste Schritt Aufschubhandlungen zu vermeiden ist, sie als solche zu erkennen.
- Nicht vergessen: Aufschubhandlungen tarnen sich meistens recht gut, denn sie sind keine sinnlosen Tätigkeiten. Sie sind meistens recht sinnvoll (z. B. Zimmer aufräumen), aber nicht das, was *in dem Moment* am wichtigsten ist und was du zuerst erledigen solltest.

Lernen organisieren

a) Alles Große setzt sich aus vielen kleinen Bausteinen zusammen

Ziele:
Die Schüler*innen lernen, ihr Lernen besser zu planen und selbstständig zu organisieren. Sie verinnerlichen, dass alles Wissen aus vielen kleinen Teilen besteht, die einzeln betrachtet werden, aber auch aufeinander aufbauen können.

Zeit: ca. 30 Minuten

Vorbereitung:
- Arbeitsblatt (**M**) in Klassenstärke kopieren
- Sätze aus Übung 3 auf je ein großes Blatt schreiben und im Klassenzimmer aufhängen oder auslegen

Worum geht's?
Die Kapitel a) bis d) zum Organisieren von Lernen sind als Einheit angelegt und sollten aufeinander aufbauend durchgeführt werden. Den vier Kapiteln liegt immer die Idee zugrunde, dass man Wissen und Können in viele kleine Lernportionen/Bausteine zerlegen und leichter erfassen kann.

Skizzierter Ablauf:
- Die Klasse liest und bespricht den Einleitungstext (**M oben**).
- Die drei (sich aus der Vorstellung der Lernportionen ergebenden) Konsequenzen werden mit den drei Übungen vertieft.
- Bei Übung 1 steuert die Lehrkraft die Fantasiereise. Die Formulierung ist nur ein Vorschlag, die sie beliebig erweitern oder anpassen kann. Im Grunde soll hier eine bildliche Vorstellung davon entstehen, dass alles Wissen aus Teilen zusammengesetzt ist.
- Fantasiereise:
  „Setze dich bequem hin und schließe die Augen. Unternimm eine Wanderung in dein Gehirn. Suche dir dort ein Schulfach aus, vielleicht eines, das dir Spaß macht. Überlege in Ruhe, was du in diesem Schulfach schon alles gelernt hast. Erinnere dich an Stunden, in denen du neue Portionen dazugelernt hast. Stelle dir jede einzelne Stunde und jede Lernportion als einen Baustein vor, mit dem dein Wissens-Haus gebaut wurde. Wiederhole die letzten Schritte so oft wie möglich, damit du dir dein Wissens-Haus sehr detailliert und mit vielen Zimmern vorstellen kannst.“
- Übung 2 bereitet das in Kapitel b) vertiefte Zerlegen in Einzelportionen vor. Die Schüler*innen dürfen gerne eigene große Ziele suchen, die sie dann ggf. der Klasse vorstellen.
- Übung 3 soll verdeutlichen, dass viele einzelne Lernportionen aufeinander aufbauen oder im Zusammenhang miteinander stehen. Das unterstreicht die Wichtigkeit der in Kapitel c) vorgestellten selbstständigen Erarbeitung fehlender Bausteine.
- Die Schüler*innen vervollständigen die sieben Sätze von Übung 3 zunächst auf ihrem Arbeitsblatt. Dann gehen sie durchs Klassenzimmer und schreiben sie auf die jeweiligen großen Blätter.
- Danach ordnet die Klasse gemeinsam die Portionen/Schritte jedes Blattes.

M Wissensportionen

Ein Haus besteht aus vielen Teilen und Bausteinen. Fehlt ein Stein, hat das Haus ein Loch, es zieht herein, es wird ungemütlich. Fehlen mehrere Steine, kann es gefährlich werden, irgendwann stürzt das Haus ein.
Nicht nur ein Haus, sondern fast alle „großen“ Dinge sind aus vielen kleinen Dingen zusammengesetzt. Viele einzelne Schritte ergeben eine Strecke. Jede Maschine besteht aus vielen Einzelteilen usw. So ist es auch mit dem Wissen: Das eigene Wissen setzt sich aus vielen kleinen Wissensportionen zusammen, die man zuhause, in der Schule, von anderen Menschen oder allein gelernt hat. Wer eine Sprache gelernt hat, hat viele tausend Vokabeln, Grammatik, Zeiten und Wendungen geübt – und natürlich nicht auf einmal, sondern Stück für Stück, immer und immer wieder, bis aus vielen kleinen Lernportionen ein größeres „Etwas können“ geworden ist. Ebenso ist es natürlich mit Mathe, Deutsch (u. a. Rechtschreibung), Naturwissenschaften und allem anderen Lernstoff, der in der Schule oder anderswo gelernt werden soll.
Wenn man sich also klarmacht, dass alles Wissen und Können aus vielen kleinen Wissensportionen zusammengesetzt ist, dann ergeben sich daraus einige ***Konsequenzen***:

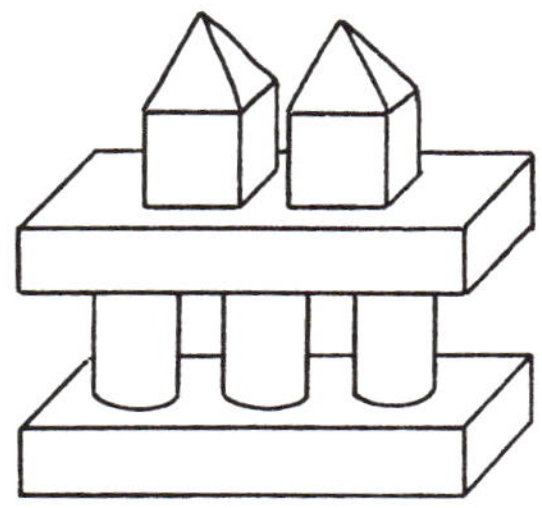

1 Es ist klar, dass die Portionen Stück für Stück gelernt werden müssen, und zwar in so kleinen Portionen, dass sie leicht verarbeitet werden können. Im Grunde genommen geht es darum beim Lernen in der Schule. Täglich lernt man etwas hinzu, bis man am Ende ein umfangreiches Wissen in vielen Bereichen hat. Neben kleinen Portionen ist es wichtig, dass die Portionen *zeitlich* verteilt werden, damit das Gehirn Zeit hat, sie zu verarbeiten. Leider vergessen wir viele einmal gelernte Dinge auch wieder.

➠ **Gemeinsame Fantasiereise mit der Klasse**

2 Alles Wissen und Können besteht aus Einzelportionen. Diese kann man meist weiter zerlegen – so weit, bis geeignete, kleine Lernportionen da sind, die man gut lernen kann. Deswegen spricht man oft davon, dass man Ziele in *Teilziele* zerlegen soll.

Aufgaben:

- Suche dir jetzt ein großes Ziel und notiere es. Es muss nicht unbedingt mit der Schule zusammenhängen und darf auch etwas übertrieben sein, z. B. „den Mount Everest besteigen“.

____

____

____.

- Zerlege dieses große Ziel nun in Teilziele, z. B. „Wenn ich in fünf Jahren den Mount Everest besteigen möchte, dann müsste ich die nächsten fünf Jahre …“.

____

____

____.

- Schreibe die nötigen Teilziele möglichst detailliert auf. Wenn die Teilziele dir noch zu groß erscheinen, zerlege sie weiter.

____

____

____.

3 Die Wissensportionen stehen nicht für sich allein, sondern oft miteinander in Verbindung oder bauen aufeinander auf. Man kann z. B. in Mathe keine Gleichungen lösen, wenn man nicht zuvor Bruchrechnen gelernt hat. Deswegen muss man sicherstellen, dass man alle Bausteine für sein Wissens-Haus hat. Wenn man feststellt, dass Steine fehlen, muss man sie sich besorgen! Das heißt, man muss wissen, *dass* einem etwas fehlt, *was* einem fehlt und *wie* man es in möglichst kleinen Portionen beschaffen kann.

Aufgabe: Vervollständige die Sätze.

- Damit ich korrekt bruchrechnen kann, muss ich Folgendes können/wissen …

____.

- Damit ich mich in der Groß- und Kleinschreibung im Deutschen gut auskenne, muss ich Folgendes können/wissen …

____.

- Damit ich im Englischen die Zeiten richtig bilden und verwenden kann, muss ich Folgendes können/wissen …

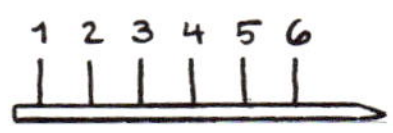

____.

- Damit ich in Biologie mikroskopieren kann, muss ich Folgendes können/wissen …

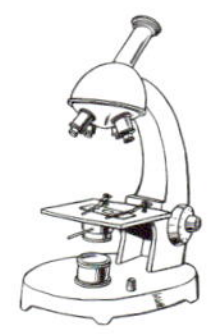

____.

- Damit ich in Musik Tonleitern, Intervalle oder Akkorde benennen kann, muss ich Folgendes können/wissen …

____.

- Bevor ich in Technik eine Bohrmaschine bedienen kann, muss ich Folgendes können/wissen …

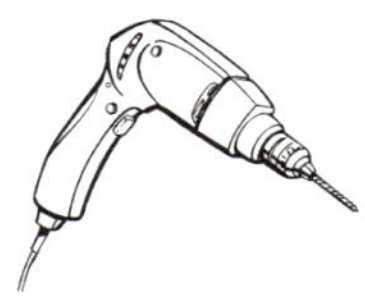

____.

- Wenn ich erfolgreich Fußball spielen will, muss ich Folgendes können/wissen …

____.

Lernen organisieren

b) Lernstoff zerlegen

Ziele:
Die Schüler*innen können einen komplexen Lernstoff zerlegen und aus einem Lernziel viele Teil-Lernziele machen.

Zeit: ca. 45 Minuten

Vorbereitung:
- Arbeitsblätter (**M1** und **M2**) in Klassenstärke kopieren
- Mögliche Lösung für **M2** (auf **M3**) als Anregung für die Lehrkraft

Worum geht's?
Die Kapitel a) bis d) zum Organisieren von Lernen sind als Einheit angelegt und sollten aufeinander aufbauend durchgeführt werden. Ausgehend von der Idee, dass alles Wissen und Können aus vielen Einzelportionen zusammengesetzt ist, wird in dieser Einheit geübt, ein umfangreiches Themengebiet in Einzelthemen zu zerlegen sowie aus einem Lernziel viele Teil-Lernziele zu machen.
Die Aufgaben auf **M2** sind für den Deutschunterricht (ca. Klasse 6–9) passend. Sind die Aufgaben zu schwer oder zu leicht oder soll das Thema aus einem anderen Schulfach heraus der Klasse vermittelt werden, müssten die Aufgaben nach dem Vorbild hier im Heft von der Lehrkraft selbst erstellt werden.

Skizzierter Ablauf:
- Die Klasse liest die zwei Sichtweisen und bearbeitet in PA mündlich die Aufgaben 1–3 (**M1**).
- Gemäß den Aufgaben auf **M2** zerlegen sie dann in PA die Aussage der Deutschlehrkraft in Bausteine (auf dem Arbeitsblatt).
- Wichtig ist festzuhalten, dass Einzelteile immer weiter zerkleinert und die Ergebnisse recht umfangreich werden können.
- Anschließend bietet sich die Vorstellung der Ergebnisse im UG oder eine Präsentation an.
- Hinweis: Die mögliche Lösung für **M2** (auf **M3**) kann die Lehrkraft als Anregung einsetzen oder später mit den Lösungen der Schüler*innen vergleichen (lassen). Auf jeden Fall sollte die Lehrkraft die Klasse anweisen, sehr ausführlich zu arbeiten, also viele Einzelportionen zu finden bzw. diese weiter zu zerkleinern.

Weitere Hinweise:
- Selbstverständlich wäre das Zerlegen weiterer Unterrichtsthemen auch eine gute Übung. Bei der Übung im Heft ist mit den Fachbegriffen ein gewisser Rahmen vorgegeben. Ähnlich kann man mit weiteren Unterrichtsthemen verfahren. Mit der Zeit können die zu zerlegenden Einheiten auch weiter gefasst werden.
- Evtl. kann die Klasse ohne weitere Vorgaben ein Thema in seine Teile zerlegen. Hier wäre eine GA oder eine Hausaufgabe gut geeignet.

M1 Unterrichtssituation aus verschiedenen Perspektiven

Eine Unterrichtssituation aus der Sicht der Schülerin:

Der Lehrer steht vorne, erklärt alles Mögliche und schreibt Dinge an die Tafel. Ich habe am Anfang der Stunde noch mitbekommen, dass es heute um etwas Wichtiges geht. Deswegen habe ich mir vorgenommen, heute besonders gut aufzupassen. Das heißt: Knurren im Bauch, schönes Wetter draußen, dass mein Schwarm mich vorhin angelächelt hat – alles ausblenden und auf den Unterricht konzentrieren! Aber der Lehrer spricht chinesisch! Manche der Begriffe habe ich zwar schon einmal gehört, doch von den meisten habe ich nur eine ungefähre Ahnung, was sie bedeuten könnten. Nachfragen? Lieber nicht, denn … Also noch ein Versuch: aufpassen, zuhören – zwecklos, kapier' ich nicht! Zu viel Unbekanntes, Bock habe ich auch keinen mehr …

Eine Unterrichtssituation aus der Sicht des Lehrers:

Ich habe gestern erklärt, was der Unterschied zwischen xy und yx ist. Heute geht es darum, dieses Wissen anzuwenden und eventuell – wenn die Zeit reicht – noch yz und zy einzuführen und zu erklären. Das ist zwar etwas anspruchsvoll, aber schließlich haben wir gestern xy und yx eingeführt. Das Wissen sollte also heute vorhanden sein! Jetzt fragt eine Schülerin auch noch, was xy ist! Also gut, ich erkläre es geduldig, habe aber nicht den Eindruck, dass sie es begreift. Wahrscheinlich weiß sie nicht einmal, was x ist und auch nicht, was y ist. Wie soll sie dann xy begreifen?
Zwei Schüler melden sich auf die Frage: Der eine gibt sogar eine richtige Antwort. Also hat „die Klasse" doch etwas verstanden …

Aufgaben:

1 Schildert aus Sicht der Schülerin:
- Wo liegt das Problem?
- Kennt ihr die beschriebene Situation?
- Wie geht es in den nächsten Stunden weiter?

2 Schildert aus Sicht des Lehrers:
- Wieso ist es für den Lehrer schwer nachvollziehbar, dass einige Schüler nicht mitkommen?
- Wie zufrieden wird er mit seinem Unterricht sein?
- Wieso steht „die Klasse" im letzten Satz in Anführungsstrichen?

3 Hier gibt es offensichtlich ein Problem. Wie könnte man es lösen?

! **Denk dran:** Alles Wissen besteht aus vielen kleinen Wissensportionen. Wissen baut auf Wissen auf. Neues Wissen kann man oft nur bekommen, wenn man die dazu benötigen Wissensportionen schon kann.

M2 Lernstoff zerlegen

Tipp: Zerlege den Lernstoff in viele kleine Portionen! Wenn die Portionen immer noch zu groß sind, gilt es, den Lernstoff weiter zu zerlegen – so weit, bis man die Wissensportion gut verarbeiten kann.

Ein Beispiel:
Dein Deutschlehrer sagt:
„Zwischen Haupt- und Nebensätzen setzt man ein Komma. Bei Nebensätzen stehen alle Prädikatteile hinten. Sie beginnen meist mit einer Konjunktion oder einem Relativpronomen, vor dem manchmal noch eine Präposition stehen kann. Konjunktionalsätze stehen schon mal vor dem Hauptsatz oder werden in diesen eingeschoben."

Aufgaben:

1 Zerlegt den Satz des Deutschlehrers in kleine Portionen. Was muss man wissen, damit man diesen Satz verstehen kann?

____

____

____.

2 Welche dieser Lernportionen muss man weiter zerlegen, damit man sie begreifen kann? Schreibt sie auf und versucht, sie zu erklären.

____

____

____.

3 Wahrscheinlich tauchen beim Zerlegen weitere Fragen auf, die mit den kleinen Lernportionen im Zusammenhang stehen bzw. die man auch beantworten sollte, um den Lernstoff wirklich gut zu begreifen. Schreibt alle Fragen auf.

____

____

____

→ Wenn ihr sauber und gewissenhaft gearbeitet habt, habt ihr jetzt alle kleinen Lernportionen zusammen, die ihr braucht, …
- um die Aussage des Lehrers zu begreifen,
- um euch einen Überblick zu verschaffen, welche Lernportionen zu diesem Thema gehören,
- um einzuschätzen, was ihr schon wisst und was ihr noch braucht,
- um dem Lehrer gezielte Fragen zu stellen, die er gerne beantworten wird, weil er sieht, was euch fehlt und dass ihr es wissen wollt.

M3 Mögliche Lösung für M2

Welche Lernportionen und Fragen stecken in der Aussage des Deutschlehrers?

Was sind Hauptsätze?
- Hauptsätze sind selbstständig – was heißt das?
- Zumindest ein Teil des Prädikats steht nicht am Ende, sondern an 2. Position.
- Was ist ein Prädikat? Was bedeutet 2. Position? Kann es aus mehreren Teilen bestehen?

Was sind Nebensätze?
- Nebensätze sind unselbstständig – was heißt das?
- Wieso können sie nur zusammen mit einem Hauptsatz vorkommen?
- Was bedeutet es, dass alle Teile des Prädikats an letzter Stelle stehen? Was ist ein Prädikat? Wieso „alle Teile"?
- Was passiert mit dem Prädikat, wenn aus einem Hauptsatz ein Nebensatz wird – und umgekehrt?

Was ist ein Prädikat?
- Wie kann man ein Prädikat erkennen bzw. bestimmen?
- Was hat ein ***Prä***dikat mit den Begriffen ***Prä***sens, ***Prä***position, ***Prä***teritum zu tun? (Achtung: eigentlich nichts, aber man kann sie leicht verwechseln, wenn man sich nicht ganz sicher ist, weil alle mit Prä… anfangen.)
- Ein Prädikat wird aus Verben gebildet. Was ist ein Verb? Wie kann man ein Verb zweifelsfrei erkennen? Was muss man über Verben wissen?

Was ist eine Konjunktion?
- Wozu braucht man Konjunktionen?
- Was ist der Unterschied zwischen einem Konjunktionalsatz und einem Konjunktionalnebensatz?
- Welche Konjunktionen sind die gebräuchlichsten?
- Warum ist „dass" immer eine Konjunktion?

Was ist ein Relativpronomen?
- Welche Funktion haben Relativpronomen?
- Welche gibt es überhaupt (der, die, das – oder noch weitere)?
- Was ist der Unterscheid zwischen einem Relativsatz und einem Relativnebensatz?

Was ist eine Präposition?
- Wieso kann eine Präposition bei Relativsätzen vor dem Relativpronomen stehen?
- Wozu braucht man Präpositionen noch?
- Welche Präpositionen sind die gebräuchlichsten?

Was heißt „vor dem Hauptsatz stehen" und „eingeschoben"?

Braucht man bei eingeschobenen Sätzen zwei Kommas?

Lernen organisieren

c) Stelle sicher, dass du dir jedes Bauteil besorgst

Ziele:
Die Schüler*innen erkennen, dass es manchmal nur wenige, aber entscheidende Lernportionen sind, die eine ganze Lerneinheit beeinflussen.

Zeit: ca. 15–45 Minuten (kommt darauf an, ob und wie lange man die Spiele durchführt)

Vorbereitung:
- Arbeitsblatt (**M1**) in Klassenstärke kopieren
- Ggf. Spiel(e) mithilfe von **M2** vorbereiten

Worum geht's?
Die Kapitel a) bis d) zum Organisieren von Lernen sind als Einheit angelegt und sollten aufeinander aufbauend durchgeführt werden. Ein komplexer Lernstoff kann seinen Schrecken verlieren, wenn er in viele kleine, leichter zu bearbeitende Portionen zerlegt wird. Ebenso kann man anhand einer Aufteilung in Lernportionen einen besseren Überblick über das Thema erlangen: Was kann ich schon gut? Was fehlt mir noch?
Vielleicht ist es bei einigen Schüler*innen so, dass ihnen einzelne Bausteine fehlen, die aber für das Verständnis eines ganzen Themenkomplexes eine Schlüsselrolle einnehmen. Werden diese gezielt erarbeitet, kann er*sie ein eventuell zuvor unbeliebtes Thema neu einschätzen.
Wichtig wäre hier, dass die Lehrkraft im Gespräch mit den Schüler*innen vermittelt, dass sie sich an dieser Stelle entscheiden müssen, ob sie die fehlenden Bausteine selbstständig erarbeiten wollen (und bereit sind dafür zu arbeiten) oder nicht.
Schulischer Erfolg hängt oft mit solchen Entscheidungen zusammen und hat meist nichts mit Zufall, Intelligenz oder äußeren Umständen zu tun, sondern eben meistens mit Fleiß.

Skizzierter Ablauf:
- Die Klasse liest den Text (**M1 oben**) und bespricht gemeinsam die vorgegebenen Fragen.
- Ggf. kann die Klasse diskutieren, ob und wieso sie bereit sind, sich die fehlenden Bausteine zu erarbeiten.
- Beispiel Nr. 1 (auf **M1 unten**) zielt darauf ab, dass Schüler*innen manchmal einen Schlüsselmoment im Unterricht ganz einfach verpassen, weil sie träumen, nicht aufpassen oder abgelenkt sind. Oft ist ihnen gar nicht bewusst, dass ihnen ein Baustein fehlt und dies kann ihnen im weiteren Verlauf Schwierigkeiten bereiten.
- Beispiel Nr. 2 (auf **M1 unten**) zielt darauf ab, dass Schüler*innen gerne üben, was sie schon können. Erfolgreich werden sie aber eher, wenn sie an der Stelle arbeiten (in Einzelteile zerlegen), an der es noch nicht so gut funktioniert.

Weitere Hinweise:
- Im Zusammenhang mit dieser Einheit können die beiden Spiele, beschrieben auf dem Textblatt (**M2**), durchgeführt werden (evtl. auch als Einstieg).
- Im Nachhinein sollte die Lehrkraft aber besprechen:
  In beiden Spielen ist es so, dass nur *eine kleine Information* nötig ist, um bei dem Spiel zu dominieren. Ohne diese kleine Information erscheint das ganze Spiel unlogisch und undurchschaubar – so wie evtl. mancher Lernstoff.

M1 Fehlende Bausteine besorgen

Alles Wissen besteht aus vielen kleinen Wissensportionen!
Wissen baut auf Wissen auf. Neues Wissen kann man oft nur bekommen, wenn man die dazu benötigten Wissensportionen schon kann.
Wenn du in einem Schulfach gar nicht klarkommst oder ein bestimmtes Thema einfach nicht begreifst, dann liegt es höchstwahrscheinlich daran, dass dir in diesem Fach oder Thema Wissensportionen fehlen. Häufig ist es so, dass du der Meinung bist, einfach „alles“ nicht zu begreifen. Das ist aber meist ein Denkfehler, denn vielleicht fehlen dir nur wenige, aber sehr wichtige Bausteine. Deswegen ist es wichtig, dass du das Thema in viele kleine Wissensportionen zerlegst!

Diskutiert in der Klasse:
- Was kann ich?
- Was kann ich nicht?
- Wie kann ich mir die fehlenden Bausteine besorgen?

Genau hier liegt der Knackpunkt: Wenn du dich selbstständig, aus eigenem Antrieb heraus um die fehlenden Teile kümmerst, wirst du das Problem in den Griff bekommen! Deine Entscheidung, dir die Bausteine zu besorgen oder eben nicht, ist vielleicht der wichtigste Grund, warum die einen in der Schule gute Leistungen erbringen und die anderen nicht. **Also triff eine Entscheidung – und zieh es durch!**

Beispiele:

1 *Im Unterricht kommt es vor, dass eine wichtige, neue Information vielleicht nur einmal vom Lehrer genannt und dann vorausgesetzt wird. Wenn du als Schüler also nur kurz nicht aufgepasst hast, hast du diese Information nicht mitbekommen. Unter Umständen ist dir aber gar nicht bewusst, dass du gerade etwas sehr Wichtiges verpasst hast.*
In der restlichen Stunde und in den folgenden Stunden wird diese Information nun gebraucht. Du kommst nicht mit, weil dir die Information fehlt und du davon nichts weißt. Der Stoff kommt dir nur unglaublich kompliziert vor.

2 *Ein Betrunkener kniet nachts unter einer Straßenlaterne und sucht offensichtlich etwas. Ein Passant kommt vorbei und fragt: „Haben Sie etwas verloren? Was suchen Sie denn?“ Der andere antwortet: „Ja, ich suche meine Hausschlüssel!“ Der Passant fragt nach: „Wo haben Sie sie denn verloren?“ Der betrunkene Mann deutet die Straße entlang, „da hinten irgendwo.“ Da fragt der Passant: „Aber warum suchen Sie denn nicht dort?“ Darauf der Betrunkene: „Da ist es doch dunkel!“*

Aufgabe: Diskutiert im Unterricht, welche Schlüsse man für das individuelle Lernen aus den beiden Texten ziehen kann.

M2 Spiele

Das Willie-Spiel

- Hier gilt es herauszufinden, welche Dinge Willie mag und welche nicht, z. B.:
  - *Willie mag Fußba**ll**, aber Leichtathletik mag er nicht.*
  - *Willie mag T**ee**, aber keinen Saft.*
  - *Wille mag Nü**ss**e, aber keine Schokolade.*
- Die Schüler*innen sagen nun ähnliche Sätze, indem sie eine Sache nennen, die Willi mag und eine, die er nicht mag.
- Die Lehrkraft gibt jeweils Rückmeldung, ob der Satz korrekt ist oder nicht.
- Die Lösung ist einfach: Alle Dinge, die mit einem Doppelvokal oder -konsonanten geschrieben werden, mag Willie, die anderen nicht.
- Nach und nach werden immer mehr Schüler*innen auf die Lösung kommen.
- Im Anschluss geht man im UG auf die Analogie zum Lernen ein, z. B.:
  - Hier hat nur eine einzige Information gefehlt, um das Spiel zu gewinnen. Was ist beim Lernen manchmal ähnlich?
  - Wie ging es denen, die die Lösung einfach nicht gefunden haben, obwohl immer mehr Mitschüler*innen Bescheid wussten. Wie ist das beim Lernen?

Diese zwei Gegenstände stehen für …

- Die Lehrkraft erklärt: „Zwei beliebige Gegenstände hier im Zimmer weisen immer auf eine Person hin. Ein Beispiel: Dieser Tisch und dieser Stuhl stehen für … Peter. Dieser Stift und dieses Buch stehen für … Luisa."
  - ➠ Die Lösung: Die beiden Gegenstände stehen jeweils immer für die erste Person, die, nachdem der*die Spielleiter*in „stehen für" ausgesprochen hat, einen Laut von sich gibt. Die Gegenstände sind also völlig beliebig. Die Gegenstände stehen für die erste Person, die etwas sagt. Sind alle still, kann die Lehrkraft auch sagen: „… stehen für … mich!"
- Wieder geht die Lehrkraft im Anschluss auf die Analogie zum Lernen ein (s. o.).
- Interessant ist vielleicht auch, dass manche*r Schüler*in zeitweilig glaubt, die Lösung zu kennen, weil er*sie durch Zufall die richtige Antwort gegeben hat. Später muss er*sie dann feststellen, dass seine*ihre Lösung doch nicht stimmt. Was hat das mit dem Lernen gemeinsam?

➠ Wichtig ist: Beide Spiele haben gemeinsam, dass nur ***eine*** einfache Information für ein erfolgreiches Spielen notwendig ist.

Lernen organisieren

d) Kenne deinen eigenen Lernzuwachs genau

Ziele:
Die Schüler*innen lernen, sich Teilziele zu setzen und sich auf ihren Lernzuwachs und auf das, was sie schon geschafft haben, zu konzentrieren.

Zeit: ca. 45 Minuten

Vorbereitung:
- Arbeitsblatt (**M1**) in Klassenstärke kopieren
- Tipps (**M2**) in Klassenstärke kopieren oder über Beamer o. Ä. zeigen
- Evtl. weitere Hilfsmittel zur Erarbeitung der Lernportionen

Worum geht's?
Die Kapitel a) bis d) zum Organisieren von Lernen sind als Einheit angelegt und sollten aufeinander aufbauend durchgeführt werden. Betrachtet man nur die einzelnen Bausteine, die man sich aneignet, kann das sehr motivierend sein. So können Schüler*innen die Vorstellung, die Hausaufgaben und der Lernstoff seien ein „unüberwindbarer Berg an Arbeit", loswerden. Mit in Einzelportionen zerlegtem Lernstoff können sie leichter planen und v. a. Erfolg leichter erkennen.
Nach einer kurzen Wiederholung der letzten Einheiten erfahren die Schüler*innen, dass sie sich im Grunde immer Teilziele gesetzt haben. Damit werden die Anforderungen an die sogenannte SMART-Formel erfüllt. Demnach muss ein Teilziel Folgendes sein:
S ➠ spezifisch: Das Ziel wird durch das Zerlegen eines Lernstoffs in möglichst kleine Lernportionen erreicht.
M ➠ messbar: Die Lernportion ist so klein, dass man einschätzen kann, ob man sie beherrscht oder nicht.
A ➠ akzeptiert: Die Einsicht, dass der Baustein für das Begreifen des großen Ganzen notwendig ist.
R ➠ realistisch: Die Lernportion ist so klein, dass auch eine gute Chance besteht, sie erfolgreich zu bearbeiten.
T ➠ terminiert: Man kann den zeitlichen Umfang, den man für die Bearbeitung braucht, abschätzen, aber auch den Zeitpunkt selbst, zu dem man die Lernportion bearbeitet.

Skizzierter Ablauf:
- Mündliche Wiederholung:
  - In Teil a) hat die Klasse gelernt, dass alles Wissen aus vielen kleinen Wissensportionen besteht, die aufeinander aufbauen.
  - In Teil b) hat die Klasse gelernt, wie man komplizierten Lernstoff in viele Bausteine zerlegt.
  - In Teil c) hat die Klasse gelernt, dass es entscheidend sein kann, die fehlenden Bausteine nachzuarbeiten.
- Zunächst liest die Klasse den Text auf **M1 oben**.
- Die Schüler*innen bearbeiten in EA eine ihrer als schwach erkannten Lernportionen (Aufgabe **M1 oben**). Hierzu sollte die Lehrkraft evtl. weitere Hilfsmittel bereitstellen. Wichtig ist, dass die Schüler*innen sich Notizen zu jedem erarbeiteten Baustein machen.
- Es bietet sich an, dass Einzelne ihre Notizen präsentieren.
- Dann erstellt jede*r für sich einen Lernplan, um eine weitere Lernportion zu erarbeiten (**M1 unten**).
- Zum Abschluss sollte die Lehrkraft unbedingt mit der Klasse gemeinsam die Tipps (**M2**) besprechen.
- Wichtig: Erkennen des Lernzuwachses und etwas schaffen, was vorher Schwierigkeiten gemacht hat (Steigerung von Selbstvertrauen und Motivation)!

M1 Lernportionen

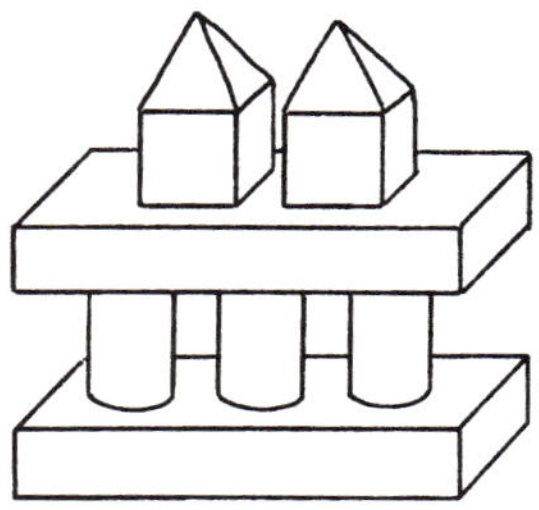

Du hast dich entschieden, dass du deine Lücken füllen und die fehlenden Bausteine nacharbeiten möchtest. Damit hast du dir ein ***Ziel*** gesetzt. Und wenn du den Wissensstoff in seine Bestandteile zerlegt und überlegt hast, welche Teile du nacharbeiten willst, hast du dir ***Teilziele*** gesteckt (unsere Lernportionen), die du eins nach dem anderen erreichen willst.
Das hat nicht nur den Vorteil, dass du kleine, geeignete Portionen bearbeitest, sondern auch, dass du dir einen guten Überblick darüber verschaffen kannst, was du schon geschafft hast. ➠ Das kann sehr motivierend sein!

Aufgabe: Bearbeite jetzt deine erste Lernportion. Nimm als Hilfe Buch, Heft, Mitschüler, Lehrer o. Ä. und entscheide dich für die erste Portion. Wichtig: Schreibe mit eigenen Worten auf, was es bei dieser Lernportion zu lernen und zu begreifen gibt.

!

Tipps:

➠ ***Mache dir bewusst***, was du jetzt kannst (und vorher noch nicht). Freue dich über das dazugewonnene Wissen und sei stolz. Versuche, das neue Wissen im Unterricht anzuwenden oder vorzubringen.

➠ Konzentriere dich auf den ***Lernzuwachs***. Sammle die Notizen deiner Lernportionen (Ordner, Pinnwand o. Ä.) – denn das zeigt dir: Du hast es geschafft, eine Lücke zu schließen, die ansonsten offengeblieben wäre und dir vielleicht Probleme bereitet hätte. Und außerdem: Was einmal funktioniert, geht immer wieder!

Wie geht es weiter? – Erstelle dir einen Plan, wie du weitere Lernportionen erarbeiten willst. Dabei ist der festgelegte Zeitpunkt der Erarbeitung sehr wichtig. Plane deshalb einen Termin und verteile die Einheiten, damit es nicht zu viel auf einmal wird.
So kann der Plan aussehen:

Lernportion: ______________________________

____

Brauche ich, weil … ______________________________

______________________________.

Bearbeite ich am: ______________________________

Muss fertig sein am: ______________________________

Wiederhole ich am: ______________________________

M2 Tipps

Ein paar Tipps für die persönliche Planung:

- Es ist unglaublich wichtig, sein Ziel genau zu kennen und es sich immer wieder in Erinnerung zu rufen – bei allen Tätigkeiten, die *sinnvoll* sein sollen.
- Entkopple deine Lernportion von der *Dauer*, die du zum Bearbeiten gebraucht hast. Wie lange du dafür gebraucht hast, sagt nichts darüber aus, wie gut du deine Lernportion nun kannst.
- Finde eine ehrliche Selbsteinschätzung, ob du diese Lernportion nun „draufhast": „Ich kann / weiß jetzt dies und das, was ich davor noch nicht konnte / wusste."
- Entkopple deine Einschätzung von Schulnoten. Unter Umständen werden sich erst mit mehreren gelernten Portionen die Noten in der Schule verbessern. Das braucht Zeit, du solltest dich dadurch nicht entmutigen lassen!
- Wenn es dir einmal nicht gelingt, eine Lernportion rechtzeitig zu bearbeiten, solltest du nicht den Kopf hängen lassen. Man kann sich auch einmal einen Fehlschlag gestatten und das nicht als Ausrede nehmen, gleich das ganze Lernportionen-Konzept aufzugeben.

Mit Spaß präsentieren

Ziele:
Die Schüler*innen lernen, dass es neben der Qualität der Präsentation selbst sehr auf das eigene Auftreten beim Präsentieren ankommt.

Zeit: ca. 45 Minuten

Vorbereitung:
- Vorbereitete Power-Point-Dateien* und technische Ausstattung
- Beobachtungsbogen (**M**) in Klassenstärke oder mehrfach kopieren

Worum geht's?
Diese Einheit kann in eine größere zum Thema Präsentieren eingebaut oder zwischendurch mal gemacht werden. Hier geht es nicht um die Kriterien oder um die Vorbereitung für eine gelungene Präsentation, sondern mehr um das persönliche Auftreten des*der Präsentierenden.
Vermutlich besprechen die meisten Lehrkräfte nach einer gehaltenen Präsentation die gelungenen und die verbesserungswürdigen Aspekte der Präsentation mit der Klasse, oft anhand eines Kriterienkatalogs. Die meisten Kriterien laufen auf die Frage „Was haben die Zuhörenden von deiner Präsentation?“ hinaus. Dazu gehört auch, ein Stück weit für das Thema begeistert oder mitgenommen zu werden.
Vielen Schüler*innen ist es peinlich, vor der eigenen Klasse offen und frei einen Vortrag zu halten. Genau das soll mit dieser Einheit gefördert werden.

Skizzierter Ablauf:
- Die Lehrkraft teilt den Bewertungsbogen (**M**) aus und bespricht ihn kurz mit der Klasse.
- Die Lehrkraft kann ggf. darauf eingehen, was die Schüler*innen hindert, vor der Klasse frei und ungezwungen zu sprechen.
- Um dies kreativ zu üben, spielen sie im Anschluss Power-Point-Karaoke. Hier gibt die Lehrkraft dem*der ersten Präsentierenden eine beliebige, unbekannte (!) Power-Point-Präsentation und derjenige*diejenige muss ohne Vorbereitung einen überzeugenden Vortrag anhand dieser Präsentation liefern. Dies kann die Klasse mehrmals durchführen, je nachdem, wie viele PPT-Dateien die Lehrkraft dabeihat.
- Die Schüler*innen können dabei den Bewertungsbogen (**M**) ausfüllen.
- Im Anschluss kann die Klasse über den „Auftritt“ sprechen (ggf. mittels Videoaufnahme). Inhaltliche Aspekte spielen hier keine Rolle – der Spaß, sich auf einem unbekannten Terrain zu behaupten, steht im Vordergrund. So kann das Auftreten vor einer Gruppe spielerisch geübt werden!

* Die Lehrkraft beschafft eine Sammlung geeigneter PPT-Dateien: durch Eingeben eines Themas bei Google und Dazuschreiben von „ppt“, z. B. „II. Vatikanisches Konzil ppt“, „Landwirtschaft ppt“ oder „Die Römer ppt“. Eine kurze Durchsicht der gefundenen Präsentationen stellt sicher, dass sie inhaltlich für die jeweilige Klasse geeignet sind. Ist ein Internetanschluss in der Klasse vorhanden, kann man auch mit der Seite www.kapopo.de arbeiten.

M Eine Präsentation bewerten ... mal anders

Aufgabe: Bewerte die Präsentation mithilfe dieses Bewertungsbogens.

1 Hat der Präsentierende Spaß und Freude daran, vorne zu stehen und über sein Thema zu sprechen?

Spaß ← ☐☐☐☐☐☐☐☐☐☐☐☐☐☐ → kein Spaß

2 An welchen Beobachtungen (z. B. Körpersprache, Mimik, Gestik, Körperhaltung usw.) machst du deine Einschätzungen zur letzten Frage fest?

____.

3 Brennt der Präsentierende für sein Thema? Versucht er, seine Begeisterung für das Thema auf die Zuhörer zu übertragen?

brennt ← ☐☐☐☐☐☐☐☐☐☐☐☐☐☐ → brennt nicht

4 An welchen Beobachtungen (z. B. Körpersprache, Mimik, Gestik, Körperhaltung usw.) machst du deine Einschätzungen zur letzten Frage fest?

____.

5 Zeigt der Präsentierende „Bühnenpräsenz“ oder versteckt er sich eher und will gar nicht so recht wahrgenommen werden?

Präsenz ← ☐☐☐☐☐☐☐☐☐☐☐☐☐☐ → keine Präsenz

6 An welchen Beobachtungen (z. B. Körpersprache, Mimik, Gestik, Körperhaltung usw.) machst du deine Einschätzungen zur letzten Frage fest?

____.

7 Man kann eine gelungene Präsentation an einer Frage festmachen: Was haben die Zuhörer von der Präsentation?

____.

8 Wie würdest du die Präsentation anhand dieses Kriteriums bewerten?

Gut ← ☐☐☐☐☐☐☐☐☐☐☐☐☐☐ → Nicht gut

9 Es heißt, der Präsentierende und das Publikum beeinflussen sich gegenseitig. Kannst du davon gerade etwas beobachten?

Ja ← ☐☐☐☐☐☐☐☐☐☐☐☐☐☐ → Nein

10 Was findest du am Auftreten des Präsentierenden gut bzw. was könntest du als Anregung für deine eigenen Präsentationen übernehmen?

____.

Was ist eigentlich ein „guter Schüler“?

Ziele:
Die Schüler*innen denken über die eigene Arbeitshaltung intensiv nach.

Zeit: ca. 45 Minuten

Vorbereitung:
- Arbeitsblatt (**M1**) in Klassenstärke kopieren
- Fragebogen (**M2**) in (ggf. doppelter) Klassenstärke kopieren

Worum geht's?
Jeder Mensch macht mal Fehler – und das ist auch gut so. Dennoch ärgern sich Lehrer*innen über Schüler*innen und umgekehrt, weil sie manche Dinge gerne anders hätten. Aber welche Dinge?
In dieser Einheit „erfindet“ die Klasse zunächst den*die perfekte*n Lehrer*in, dann den*die perfekte*n Schüler*in (**M1**). Schon hier ist die Diskussion erlaubt, ob „perfekt“ überhaupt wünschenswert ist.
Dennoch findet die Klasse sicherlich einige Aspekte. Gemeinsam denken die Schüler*innen darüber nach, inwieweit diese Kriterien schon erfüllt werden oder wo es noch Luft nach oben gibt.
Auf dem Fragebogen (**M2**) sind einige Kriterien genannt. Hier werden Selbst- und Fremdeinschätzungen durchgeführt. Die Jugendlichen bekommen eine Anregung, auf welchen Gebieten sie sich verbessern könnten. Vielleicht ist vielen gar nicht bewusst, dass es so viele Aspekte gibt, die ein*e Schüler*in so oder anders meistern kann.
Auch in dieser Einheit besteht die Möglichkeit, dass Einzelne die Kriterien als „streberhaft“ bezeichnen oder überall „nicht wichtig“ ankreuzen. Im Gespräch darf die Lehrkraft diese Haltung durchaus als „bequem“ bezeichnen. Es geht nicht darum, das Verhalten der Schüler*innen tiefgreifend zu optimieren, sondern sie zu ermutigen, darüber nachzudenken, dass es in der Schule und im Leben um diese Aspekte geht.

Skizzierter Ablauf:
- Die Klasse führt in PA die Übungen durch (**M1**).
- Dann schreibt jede*r den eigenen Namen auf den Fragebogen „Wie schätzt du dich ein?“ (**M2**) und füllt ihn selbst mit einem **roten** Stift aus (Selbsteinschätzung).
- Die Fragebögen werden dann getauscht (gerne auch mehrfach). Damit dies zufällig geschieht, sollte die Lehrkraft die Blätter einsammeln und beliebig wieder ausgeben. Vorsicht: Ein bewusster Austausch zwischen den Schüler*innen sollte nicht stattfinden!
- Dann füllt jede*r mit einem **blauen** Stift den Fragebogen eines*r anderen aus (Fremdeinschätzung).
- Eine Alternative wäre: Fragebogen für alle zweimal kopieren, auf zwei den eigenen Namen eintragen, aber nur einen selbst ausfüllen, und den anderen, leeren Fragebogen weitergeben. So wird die Fremdeinschätzung nicht beeinflusst und Konfliktpotenzial verringert.
- Zum Abschluss kann die Klasse folgende Fragen diskutieren:
  - *In welchen Punkten haben dich die Klassenkameraden tendenziell anders eingeschätzt als du dich selbst?*
  - *Haben sie damit recht?*
  - *Gibt es Kriterien, die viele als „nicht wichtig“ eingeschätzt haben?*
  - *Welche Kriterien habt ihr bei eurer Suche vorhin nach dem perfekten Schüler gefunden, die nicht auf dem Blatt vermerkt waren?*
  - *Inwieweit erfüllst du diese?*
  - *Wie wäre es, sich täglich einen dieser Punkte (z. B.: „Heute bin ich besonders hilfsbereit zu meinen Mitschülern!“) vorzunehmen?*

M1 Perfekte Lehrer – perfekte Schüler

Übungen:

1 Stellt euch vor, ab morgen werden eure Lehrer durch Roboter ersetzt. Diese kann man so programmieren, dass sie perfekt sind. Wie würdet ihr den perfekten Lehrer programmieren? Notiert die wichtigsten Aspekte.

- Welche Eigenschaften müsste er haben?

- Was müsste er im Unterricht tun?

- Wie müsste er sich verhalten?

- Wie sähe der perfekte Unterricht für dich aus?

- Ist es denn wünschenswert, dass Lehrer keine Fehler machen, nichts übersehen, nichts Menschliches an sich haben, immer absolut gerecht bewerten und urteilen?

2 Wie müsste der perfekte Schüler sein? Nehmt euch Zeit und schreibt eure Ideen auf.

- Wie müsste er sich verhalten?

- Was müsste er tun, um perfekt zu sein?

- Wie arbeitet er?

- Wie bringt er sich ein?

- Wie verhält er sich gegenüber seinen Mitschülern?

- Wäre er dir ein guter Freund?

M2 Fragebogen

Wie schätzt du dich ein? **Name:** ____________________

Ich gehe respektvoll mit Menschen und Materialien um.

eher ja ← ☐☐☐☐☐☐☐☐☐☐ → **eher nein** ☐ **nicht wichtig**

Ich bin hilfsbereit.

eher ja ← ☐☐☐☐☐☐☐☐☐☐ → **eher nein** ☐ **nicht wichtig**

Ich bin bereit, mich einzubringen.

eher ja ← ☐☐☐☐☐☐☐☐☐☐ → **eher nein** ☐ **nicht wichtig**

Ich bin zuverlässig.

eher ja ← ☐☐☐☐☐☐☐☐☐☐ → **eher nein** ☐ **nicht wichtig**

Ich übernehme Verantwortung für mich selbst.

eher ja ← ☐☐☐☐☐☐☐☐☐☐ → **eher nein** ☐ **nicht wichtig**

Ich übernehme Verantwortung für die Gruppe.

eher ja ← ☐☐☐☐☐☐☐☐☐☐ → **eher nein** ☐ **nicht wichtig**

Ich bringe mich aktiv ins Schulleben ein.

eher ja ← ☐☐☐☐☐☐☐☐☐☐ → **eher nein** ☐ **nicht wichtig**

Ich halte mich an Regeln.

eher ja ← ☐☐☐☐☐☐☐☐☐☐ → **eher nein** ☐ **nicht wichtig**

Ich zeige Zivilcourage (nicht wegschauen, Hilfe bieten und suchen).

eher ja ← ☐☐☐☐☐☐☐☐☐☐ → **eher nein** ☐ **nicht wichtig**

Ich lerne aus Fehlern, analysiere sie und versuche, sie zu vermeiden.

eher ja ← ☐☐☐☐☐☐☐☐☐☐ → **eher nein** ☐ **nicht wichtig**

Ich bin neugierig und interessiert.

eher ja ← ☐☐☐☐☐☐☐☐☐☐ → **eher nein** ☐ **nicht wichtig**

Ich bin fleißig und zielorientiert.

eher ja ← ☐☐☐☐☐☐☐☐☐☐ → **eher nein** ☐ **nicht wichtig**

One step ahead

Ziele:
Die Schüler*innen betrachten ein Thema aus verschiedenen Blickwinkeln und gehen weiter, als normalerweise verlangt wird.

Zeit: ca. 30 Minuten

Vorbereitung:
- Arbeitsblätter (**M1** und **M3**) in Klassenstärke kopieren
- Infotext (**M2**) in Klassenstärke kopieren oder über Beamer o. Ä. zeigen

Worum geht's?
Einen Schritt weiter gehen: Welches Wissen steckt hinter dem Wissen?
Dahinter steht der Gedanke, dass man Sachverhalte hinterfragen oder erweitern kann, neue Blickwinkel ausprobieren und weiter gehen kann, als verlangt wird.
Für eine*n Schüler*in kann das bedeuten, dass er*sie ein Thema nicht nur so erfassen kann, wie es der Unterricht bereithält, sondern dass er*sie auch mehr daraus machen und sich Spezialwissen aneignen kann.
Die Knobelfragen (**M1**) haben gemeinsam, dass die Lösung im Ändern der Perspektive bzw. im Über-die-Grenzen-hinausdenken liegt.
Die Stichpunkte der „Wie geht das?"-Liste (**M2**) können helfen, ein Thema auseinanderzunehmen. Die Liste ist nur eine Anregung, nicht zu jedem Punkt wird es eine Möglichkeit geben.
Mit dem Prinzip der Brainstorming-Methode (zunächst alle Antworten zulassen!) kann das weitere Vorgehen konkretisiert werden.

Skizzierter Ablauf:
- Die Klasse bearbeitet in EA das Arbeitsblatt (**M1**).
- Die Klasse bespricht dann gemeinsam die Lösungen und ihre "Bedeutung" für das Thema.
- Lösung zu Aufgabe 3:

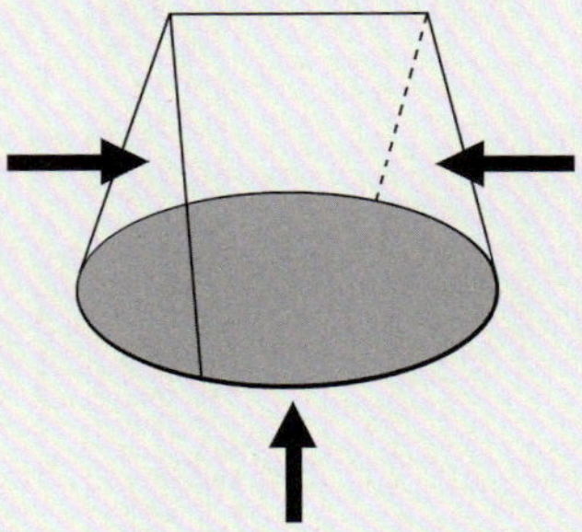

- Lösung zu Aufgabe 4:

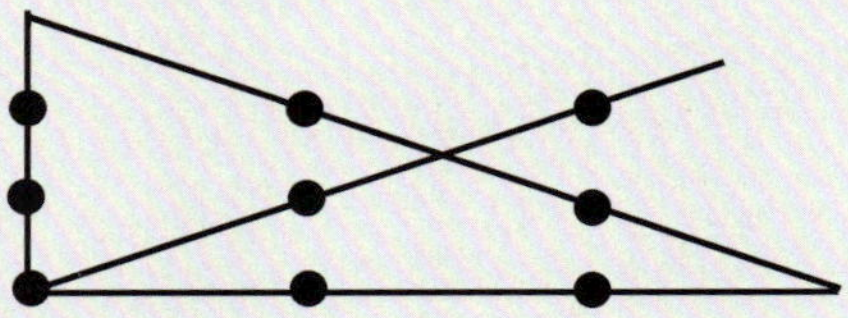

- Die Lehrkraft bespricht mit der Klasse die „Wie geht das?"-Liste (**M2**).
- Die Klasse bearbeitet in EA das zweite Arbeitsblatt (**M3**).
- Bei Aufgabe 4 können sich die Schüler*innen zu zweit (oder mehr) besprechen.

Weitere Hinweise:
Eine oder mehrere der gefundenen Fragen (**M3**) zu bearbeiten, könnte eine reizvolle Hausaufgabe sein, die dann in der Folgestunde vorgestellt wird. Die Schüler*innen können berichten, wie sie vorgegangen sind und welche Erfahrungen sie gemacht haben.

M1 Knobeln

Aufgaben:

1 Wähle ein Unterrichtsthema der letzten zwei bis drei Wochen aus und schreibe es auf.

____

2 Schreibe stichwortartig auf, was alles zu diesem Thema gehört und was du schon darüber weißt.

____

____

____

3 Wie müsste ein Körper aussehen, der, je nachdem, von welcher Seite man ihn betrachtet, wie ein Viereck, ein Dreieck und ein Kreis aussehen kann? Zeichne.

4 Verbinde alle neun Punkte mit vier Geraden, aber ohne den Stift abzusetzen.

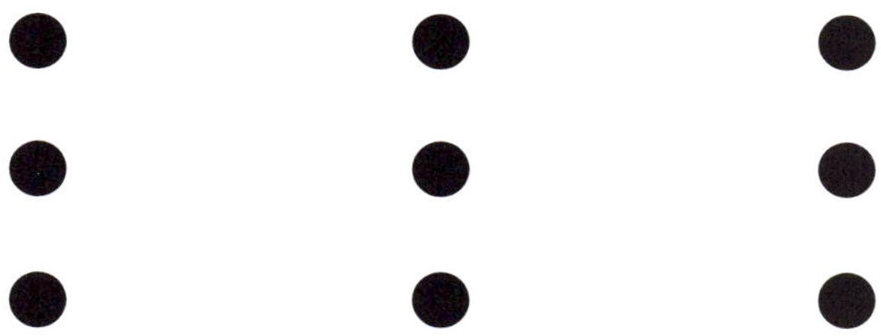

Die beiden letzten Aufgaben können eine Art Metapher für das Lernen und Wissen sein. Du hast schon eine ganze Menge gelernt und weißt recht viel. Aber es gibt sicher mehr zu wissen, ein Darüber-hinaus-gehen dessen, was du schon kennst und weißt.

M2 Infotext

Was wäre, wenn man das, was *dahinter* liegt, auch wissen will?
Man soll nicht nur das machen, was von einem verlangt wird. Man soll auch versuchen, mehr Wissen aus einem Thema zu erlangen.

Wie geht das?

- Man sucht sich weitere ***Quellen*** zum Thema: Bücher, Internet, YouTube-Videos, andere Menschen usw.
- Man ***durchleuchtet*** das Thema, betrachtet es nicht nur von einer Seite, sondern sucht andere Sichtweisen und neue Zugänge.
- Man überlegt: Welchen ***Bezug*** habe ich persönlich zu dem Thema? Wie beeinflusst es mich? Wie sähe meine Welt ohne dieses Thema aus?
- Man überlegt: Welchen ***Nutzen*** hat das Thema? Wie wird es angewendet? Welche Bedeutung hat es für die Menschen und für die Welt?
- Man überlegt: Womit kann ich das Thema ***vergleichen***? Für welche Weiterentwicklung war das Thema vielleicht eine Anregung?
- Man stellt ***Fragen*** an das Thema.
- Man überlegt: Welche ***Auswirkungen*** hat das Thema (auf Welt, Menschen, Geschichte)?
- Man ***hinterfragt*** das Thema oder eine Beobachtung immer wieder: Warum ist das so? Welchen Sinn hat das Thema?

M3 Einen Schritt weiter gehen

Aufgabe: Bearbeite *jetzt* das Thema, das du ganz zu Beginn aufgeschrieben hast.

1 Beginne damit, Fragen an das Thema aufzuschreiben. Schreibe *alle* Fragen auf, auch wenn sie zunächst als unsinnig erscheinen.

____

____

____

____

____

2 Gehe die Liste „Wie geht das?“ durch. Welche neuen Fragen und Ideen zu deinem Thema gibt es jetzt?

____

____

____

____

____

3 Wähle dir einige besonders interessante Fragen aus und überlege dir eine Strategie, wie du zu einer umfassenderen Antwort kommen könntest.

____

____

____

____

______________________________.

4 Berichtet euch gegenseitig von euren Erfahrungen:
- Welches Thema habt ihr bearbeitet und warum?
- Welche Fragen habt ihr gefunden und welche konntet ihr bearbeiten?
- Welche Schwierigkeiten gab es? Welche Erfolge?
- Welche Erkenntnisse habt ihr erlangt?
- Welches Thema könnte als nächstes dein „Spezialthema“ werden?